AF176653

Ltn. Rolf Hagen

Es geht uns allen ziemlich dreckig!

FSC
www.fsc.org
MIX
Papier aus ver-
antwortungsvollen
Quellen
Paper from
responsible sources
FSC® C105338

Hinweis!

Der Name des „Protagonisten" wurde sowohl aus daten-
schutzrechtlichen, als auch aus Pietätsgründen geändert,
da er keinerlei Relevanz besitzt und den Inhalt dieses
Buches auch nicht maßgeblich beeinflusst! Dieses Buch
ist somit nicht zur Ahnenforschung geeignet, berechtig-
te Anfragen beantwortet der Herausgeber aber sehr gerne!

Namensähnlichkeiten oder -übereinstimmungen sind
daher rein zufällig. Dieses Buch soll der zeitgeschichtli-
chen Aufklärung dienen, nicht aber das Ansehen noch
lebender oder bereits verstorbener Personen schädigen!
Die folgenden Texte wurden sonst aber soweit wie möglich im Original belassen, ebenso die Feldpostnummern
und Adressen, um die Authentizität im Ganzen zu wahren!

Erste Ausgabe, alle Rechte vorbehalten!
Fotos, Gestaltung und Transkription: Stefan Heikens
Herstellung und Verlag: BoD - Books on Demand, Norderstedt
© 2021
ISBN: 9783755770114

Inhaltsangabe

Vorwort des Herausgebers

„*Gefrierfleischorden*", „*Eisbeinorden*", …, dies waren nur einige der Spitznamen für eine Medaille, die sich Ostfrontsoldaten im Einsatz während der *Winterschlacht 1941/42* verdienen konnten. Vierzehn Tage im Gefecht, sechzig Tage ununterbrochen im Einsatz, eine schwere Verwundung oder Erfrierung berechtigten dabei bereits zum Erhalt dieser Auszeichnung, wobei bis heute noch nicht ganz klar ist, wie oft der kreisrunde Orden am schwarz-weiß-roten Band letztendlich wirklich verliehen worden ist. Schätzungen gehen aber von bis zu drei Millionen Exemplaren aus, wobei auch Frauen, ausländische Freiwillige, Gefallene und Wehrmachtsangehörige verbündeter Länder bedacht werden konnten. Kaum ein anderer Orden wurde also so inflationär verliehen wie dieser.

Aber trotz all der spöttischen Namen war es enorm wichtig für die Kriegsmoral gewesen, diesen Orden zu verleihen, denn eine völlig unvorbereitete deutsche Armee war zuvor über Monate hinweg gezwungen gewesen, tief in „Feindesland" bei Temperaturen bis zu -50°C auszuharren, und die Moral war dementsprechend schlecht. Es gab kaum Winterbekleidung, der Nachschub war häufig unterbrochen und oft hielten die Soldaten allein auf weiter Flur aus, gebunden nur durch Hitlers Befehl und beseelt von der Hoffnung auf den Frühling.

Doch ließen sich Soldaten wie Rolf Hagen in ihren Briefen natürlich kaum etwas davon anmerken. Wie hätte man den Lieben zu Hause auch schreiben können, dass man neben Leichen campierte, weil der Boden zu hartgefroren war, um sie zu beerdigen, dass man Fleisch aus toten Pferden (und manchmal auch Feinden) schnitt und Stiefel kochte, um etwas zum Beißen zu haben oder

7

Kleidung von Toten plünderte, die wegen des Wetters zwar bereits gefroren, aber noch nicht verwest waren? Kaum etwas von diesen schrecklichen Dingen fand dabei Erwähnung in Rolfs Briefen. Er, der sich selbst für völlig ungeeignet für seinen Offiziersposten hielt, schrieb höchstens mal von einem Zeh, der ihm Ärger machte, so wie es viele andere in dieser Zeit auch taten, selbst wenn ihre Füße schwarz-, oder auch bereits komplett abgefroren waren. Er schickte lediglich ein Stück Haut nach Hause, ohne näher darauf einzugehen und schrieb oft aus Orten, die man erst mit dem heutigen Wissen richtig einzuschätzen weiß.

Manches Mal wusste er es einfach noch nicht besser, da ihm das Schlimmste noch bevorstand, andere Male versuchte er aber wohl auch einfach seine Eltern zu schonen, denn was hätten sie tausende von Kilometern entfernt schon tun können?

Aber alles, was in den folgenden Briefen steht, oft auch nur zwischen den Zeilen, ist absolut authentisch. Ich habe lediglich vereinzelte Informationen hinzugefügt, um manche Zusammenhänge für den Leser besser verständlich zu machen, den Charakter von Rolfs Briefen sonst aber nicht verändert. Seine Briefe könnten uns deshalb genauso gut über die wahren Verhältnisse hinwegtäuschen, wie sie es wohl auch bei seinen Eltern getan haben, doch wissen wir heute Gott sei Dank mehr über die Zusammenhänge als die Menschen damals.

5,3 Millionen Wehrmachtsangehörige fielen während des Zweiten Weltkriegs, 2,7 Millionen von ihnen, also mehr als die Hälfte, taten es in Russland. Ich möchte keinen einzigen von ihnen entschuldigen, aber ich hoffe, dass wir sie irgendwann besser verstehen werden und aus ihren Gräueltaten lernen können.

Stefan Heikens

Liebe Eltern!

Es ist 19 Uhr, endlich bin ich mit allen Besorgungen fertig. Heute Nacht fahre ich dann weiter bis Tilsit, wie es dann weitergeht wissen die Götter. Als Gepäck habe ich meine Offizierskiste mit und einen kleine Wäschebeutel. Die Kiste ist leider sehr unhandlich und lässt sich alleine überhaupt nicht befördern. So, nun werden mir einige wichtige Sachen einfallen.

1.) Bei Frau Kraus steht fertig verpackt meine große Frankreich-Kiste und drei Koffer. Darin sind meine <u>sämtlichen</u> Sachen, auch Radio und Platten, usw. Nur mein Säbel steht noch hier.

2.) Am letzten Abend hatte ich einen kleinen Schlüssel in der Hand und wusste nicht wozu er gehörte. Er war an einer <u>schwarzen Uhrkette</u> und muss in meinem Zimmer liegen. Dieser Schlüssel gehört zur Frankreich-Kiste! Ohne ihn kann sie nicht verschickt werden, da die zwei Schlösser abstehen und abbrechen würden. Weiter ist ein Vorhängeschloss mit Schlüssel nötig (ebenfalls noch für die Kiste). Beides, Vorhängeschloss mit Schlüssel und der kleine Schlüssel an der Uhrkette, muss an Frau Kraus geschickt werden (mit freundlichen Zeilen), damit sie die Kiste abschließen kann. Sie wird dann die Schlüssel an einem der Koffer im Briefumschlag oben auflegen, da könnt Ihr sie finden.

Anzüge, Mäntel, usw. muss natürlich ausgepackt werden. Aber nichts fortwerfen, alles überflüssige (Papiere, usw.) ist schon von mir fortgeworfen (Notizen, Arbeiten, usw.). Meine Kleiderkarte[1] lege ich mit bei, außerdem meinen Versicherungsschein. Meine fertige

---

[1] Kleiderkarten waren am 14. November 1939 eingeführte Bezugsscheine, mit denen deutsche Staatsangehörige rationierte Güter erwerben konnten, während Juden sie ab diesem Zeitpunkt gar nicht mehr erhielten.

Stiefelhose bei Schneider Bregelmann/Hannover gegenüber der Kriegsschule Fahrenwald nicht vergessen. Bezugsschein ist abgegeben, noch nicht bezahlt. Desgleichen eine Sommerbluse, noch nicht bezahlt.

Außerdem vermisse ich meinen Ballen aus Belgien mit Leinenstoff (ca. 3 m), sowie den Rest des feldgrauen Sommerstoffes. Beides muss noch beim Bregelmann sein. Bitte anfragen und mit Hose zusammen zusenden lassen.

So, nun glaube ich alles bedacht zu haben. Für heute grüßt Euch recht herzlich Euer

Rolf

8. 9.41

Liebe Eltern!

Es geht dem Osten entgegen. Um 17 Uhr soll ich in Tilsit sein, aber schon eine Stunde Verspätung. Der Abschied in Hannover war rührend, Frau Kraus hatte mich zum Mittag- und Abendessen eingeladen. Gegen 24 Uhr bin ich dann zur Bahn gezogen, natürlich mit Fliegeralarm.

Trotzdem ich den ganzen Tag sorgfältig gepackt habe, habe ich doch etliches vergessen. Da ist unter anderem noch mein Krad-Mantel[2], den ich eigentlich habe mitnehmen wollen, in Hannover in der Schule hängen geblieben. Ich werde Werner Habedank bitten, ihn noch in meinen Koffer zu verpacken. Achtet mal besonders darauf, ob er auch mitkommt. Auch fällt mir ein, dass ich ja ein Vorhängeschloss verpackt habe, also

---

[2] Als Kraftrad (oder Krad) wird – besonders im Militär-Bereich – ein zweirädriges Motorrad bezeichnet.

keins für die Kiste hätte anfordern zu brauchen, na, zu spät.

Im unteren Koffer der Kiste sind unter anderem die Platten; packt sie bitte zu meinen anderen Grammophonplatten und schreibt mal, ob alle heil angekommen sind. Eine war schon vorher halb gebrochen.

Wir sind in Dirschau. Der Zug hat und hat keine Einfahrt. Ein Gewitter ist draußen. Leutnant Hahn, der wie ich zum Osten versetzt wurde, war einen Tag vor mir in Hannover. Er hat die Mitteilung also auch zu spät erhalten. Schade, dass ich ihn nicht mehr getroffen habe, hätten so schön zusammen fahren können.

Es grüßt Euch herzlich Euer

Rolf

11.9.41 (14:30 Uhr)

Liebe Eltern!

Heute Morgen bin ich hier in Petschory (westlich Pleskau) eingetroffen, schon morgen werde ich zur 1. Panzerdivision weiterfahren. Zunächst per Omnibus (es sind noch mehrere Offiziere) bis Pleskau, dann per Bahn bis Luga und wie weiter ist noch nicht zu sagen. Ich ärgere mich sehr, dass ich mich so beeilt habe und infolgedessen manches vergessen habe.

Mein Krad-Mantel hängt in Hannover. Pistole 08[3] muss noch in Hersfeld sein, überhaupt hätte ich bei der E-Abteilung zunächst noch manches empfangen können. Aber das hilft nun alles nichts mehr, muss halt sehen, wie ich durchkomme.

---

[3] Bereits 1908 im Deutschen Reich als „Pistole 08" eingeführte Ordonnanzwaffe (100-mm-Lauf, 9 mm Parabellum), die erst ab 1938 schrittweise durch die Walther P38 ersetzt wurde.

Ich lege Euch tagebuchähnliche Notizen bei, die ich nach Möglichkeit fortführen werde. Bei der vielen Bahnfahrerei ging es bisher ganz gut.

Eine Feldpostnummer kann ich Euch noch nicht angeben. Fritz Halm ist gerade heut früh auch abgefahren, schade, dass wir uns nicht mehr gesehen haben. Hoffentlich klappt die Zusendung meines Gepäcks. Habt Ihr mal an Werner Habedank geschrieben? Sind die Filme schon eingetroffen? Da könnte mir Vati noch eine Mitteilung an *Herrn Doktor Schlosser, Tetschen an der Elbe, Benznerstraße* abnehmen. Er erwartet Fotos von mir.

Ich weiß nichts vernünftiges mehr zu berichten. Meine Stimmung ist nicht rosig. Wenngleich ich mir immer eine Versetzung zur kämpfenden Truppe gewünscht habe, so stehe ich doch jetzt vor der Tatsache, dass ich zunächst keine Ahnung von den Aufgaben habe, die mich hier erwarten. Ich werde auch keine Zeit für langsames Einarbeiten haben, da ich ja mitten in die Kämpfe reinkommen werde. Aber was soll ich Euch meine Sorgen schreiben, wo Ihr ja genug Sorgen habt und mir doch nicht helfen könnt. Sagt niemandem hiervon und lest es auch keinem vor.

Ein kleines deutsch-russisches Wörterbuch könnte ich noch gebrauchen, wenigstens um das Alphabet zu üben, damit man das Zeug lesen kann.

Hier ist eine Badegelegenheit, die ich ausnutzen will, die Kameraden wollen auch hingehen.

Nun für heute Schluss. Seid herzlich gegrüßt von Eurem

Rolf

13.9.41

Liebe Eltern!

Bin heute noch in Luga. Habe viele Kameraden von 602 hier getroffen. Morgen früh fahre ich weiter zu meinem Feldtruppenteil. Wenn die Sachen von Hannover kommen bitte meinen Krad-Mantel gut verpacken. Ich werde ihn mir sofort schicken lassen, sowie irgendeine Möglichkeit besteht (vielleicht durch einen Urlauber, Kranken oder dergleichen).
Herzliche Grüße, Euer

Rolf

16.9.41

Liebe Eltern!

Ich bin gestern bei meinem neuen Truppenteil eingetroffen. Feldpostnummer 03105. Schreibt mir bitte recht oft.
Herzlichst, Euer

Rolf

Im Felde, 24.9.41

Liebe Eltern!

Mal wieder einen kurzen Gruß heute. Ich fahre als Quartiermacher unserem Bataillon voraus und sitze heute Abend mit meinen Leuten in einem Russenhaus bei einem Kaffee und Zigarre, leider der letzten.
Ich habe mal wieder einen Wunsch: um Strümpfe bat ich wohl schon, vielleicht könnt Ihr mir noch ein paar Fußlappen senden (einzeln vielleicht). Beiliegend

einen Gruß an Marguerite (Bitte mit 0,45 RM frankieren und absenden).

Wo ich so rumfahre zur Zeit darf ich Euch ja nicht schreiben. Vielleicht treffe ich Eber demnächst mal[4]. Herzlichst, Euer

Rolf

Im Felde, 28.9.41

Liebe Eltern!

Heute, Sonntagnachmittag, sitze ich auf unserem Geschäftszimmer. Es ist schon erheblich kalt draußen, heute Nacht habe ich im Wagen pennend mächtig gefroren. Wir gehen einem neuen Einsatz entgegen. Den ersten habe ich heil hinter mir. Noch hoffen wir alle in einigen Wochen vor Einbruch des scharfen Winters zurück ins Reich zu kommen. Heute Nacht werde ich mit im Stroh pennen, angeblich sind keine Wanzen da.

Wenn doch endlich mal eine Postverbindung zustande käme. Ich hab mal wieder ein paar kleine Wünsche, bräuchte einen Taschenkamm, eine neue Zahnbürste, ein paar derbe Taschentücher. Dann bin ich mächtig gespannt von meinen Fotos zu hören. Weiter ob mein Gepäck angekommen ist, der Krad-Mantel, usw.! Hat Vati eine Dynamotaschenlampe erstehen können? Neulich beim Einschlafen fiel mir ein, dass an einem

---

[4] Uns ist heute leider nicht mehr bekannt, wo genau „Eber" (Rolfs Bruder) sich aufhielt, den Eltern von Rolf sollte es damals aber klar gewesen sein. So konnte Rolf also doch einen dezenten Hinweis auf seinen Aufenthaltsort geben, ohne dass es bei der Zensur groß aufgefallen wäre. Denn auf die Bekanntgabe der jeweiligen Standorte, auch in privaten Briefen nach Hause, standen harte Strafen, bis hin zur Hinrichtung des Briefeschreibers wegen „Wehrkraftzersetzung".

dieser Monatsenden Vatis Geburtstag fällig ist. Ich möchte jetzt schon anfangen zu gratulieren, vielleicht trifft das dann noch pünktlich ein. Schicken kann man ja nichts von Russland, aber ich habe Vati eine Kiste Zigarren zugedacht, die ich zwar selbst nicht habe. Ich habe an einen Herren Paschen geschrieben, der mir zur Zeit die zwei Kisten dieser herrlichen Zigarren verschaffte. Hoffentlich schickt er noch mal, damals hat er es mir versprochen. Sollten also zwei Kisten per Nachnahme eintreffen (mein Konto) so ist eine Vati zugedacht.

Ach, ich hätte noch so viele Fragen, aber Eure erste Post wird mir ja vieles beantworten. Ich rechne in den nächsten Tagen mit Post von Euch, bin mal gespannt, wann etwas eintrifft. Grüßt Eber und Karl-August von mir!

Euch herzliche Grüße, Euer

Rolf

5.10.41

Liebe Eltern!

Eben einen Moment Zeit, darum schnell einen Gruß an Euch, damit Ihr wisst, dass es mir gut geht, wie Ihr in des Führers Rede ja auch mitgehört habt. In den nächsten Tagen werde ich wohl wenig zum Schreiben kommen.

Herzlichst, Euer

Rolf

Liebe Eltern!

Es haben recht schwere Tage für uns begonnen. Durch den gestrigen Feuerzauber bin ich gut durchgekommen. Hoffentlich werden wir hier bald fertig, da es langsam Winter wird; aber wir glauben alle, dass es klappt. Wie geht es Eber? Heute kam Post, war aber noch nichts für mich dabei, alles vom 17., 18., 19.9.! Ich schicke eben 200,- RM nach Hause.

Herzliche Grüße, Euer

Rolf

14.10.41 (9:30 Uhr)

Liebe Eltern!

Es heißt zwar, dass wegen Postsperre nichts befördert wird, schreiben will ich aber doch, damit wenn befördert wird, auch was zum befördern da ist.

Es ist nur immer nicht viel, was ich Euch berichte. Von früh bis spät dreht sich hier alles um militärische Dinge, privates gibt es nicht mehr. Und von diesen militärischen Dingen soll man ja nichts schreiben. Ihr hättet ja auch gar nichts davon, nur mehr Sorgen würdet Ihr Euch machen. Und das wäre jedoch sinnlos.

Am Montag um 12 Uhr dachte ich an unser Lullusfest[5], dass ich ja nun schon mehrfach nicht habe mitmachen können. Vor einigen Tagen traf ich hier Heini Altenburg, mit dem ich in der Volksschule zusammen war. Wir waren mal recht befreundet und ha-

---

[5] Das Lullusfest in Bad Hersfeld ist eines der ältesten Volksfeste Deutschlands und findet seit 852 jedes Jahr in der Woche des 16. Oktober statt.

ben uns beide herzlich gefreut uns hier in Russland die Hände schütteln zu können.

Ich hätte ja so manche Fragen, aber es kann ja kein geregelter Briefverkehr mit Frage und Antwort

---

Vor dem Wort „Antwort" war ich mal wieder in Deckung, die Fliegerbomben schlugen aber weiter von uns ein. Die russischen Flieger sind heute enorm aktiv, andauernd sind sie hier - zustande kommen.

Bis heute habe ich nun noch keine Post erhalten, hoffentlich bekommt Ihr wenigstens meine Zeilen! Was macht Eber denn und wo steckt er? Wenn bloß endlich mal Post kommt, damit ich mal von Euch und Eber was höre. Von meinen Sachen, von den Fotos, usw.! Allerdings denkt man weniger hier an diesen materiellen Kram, meinetwegen sollte es alles zum Teufel gehen, wenn wir nur wieder heraus können.

Ein paar Kopeken[6] und ein paar Manschettenknöpfe schicke ich erinnerungshalber mit.

Mein Tagebuch, in dem ich alles bisher kurz festgehalten habe, ist leider in den letzten Tagen etwas kurz gekommen. Aber immerhin habe ich doch allerhand notiert. Den ersten Teil bis Pleskau schickte ich ja schon nach Hause, wird hoffentlich angekommen sein.

Für heute grüße ich Euch recht herzlich! Euer dankbarer

Rolf

---

[6] Kopeken waren die kleinstwertigen russischen Münzen, in etwa gleichzusetzen mit Reichspfennigen des Deutschen Reiches, und deshalb ein beliebtes Souvenir der Russlandkämpfer. Sie ließen sich schnell und einfach verschicken, hatten kaum einen Wert und waren trotzdem exotisch genug, um später einen Erinnerungswert zu haben.

16.10.41 (23 Uhr)

Hört mal in den nächsten Tagen die Frontberichte gut mit. Darin berichtet unser Kommandeur Major Eckinger von unserem nächtlichen Vorstoß auf Kalinin[7]. Bei der Aufnahme habe ich heute Abend mit beigestanden.
Herzlichst,

Rolf

Kalinin, 16.10.41

Liebe Eltern!

Morgen fährt ein San.-Dienstgrad nach Deutschland, damit sehe ich endlich mal eine Gelegenheit meine Tagebuchblätter Euch zugehen zu lassen. Zwar wäre es schöner wenn ich selbst anhand dieser Notizen Euch erzählen könnte, da wäre auch sicher manches klarer, als es Euch diese dürftigen Zellen vermitteln können. Später mal.

Ich habe eine neue Feldpostnummer (03142), jedoch erhalte ich auch die Post, die eventuell schon auf 03105 abgesandt habt.

Kalinin werden wir morgen wieder verlassen. Eine arme Stadt für russische Verhältnisse. Ich bin nun wieder Ordonnanz-Offizier in einem neuen Bataillon. Mein Chef ist der bekannte Major Doktor Eckinger, Ritterkreuzträger und ein enormer Draufgänger. Ein

---

[7] Kalinin war am 14. Oktober 1941 im Rahmen der Schlacht um Moskau von der Deutschen Wehrmacht eingenommen worden und sollte einer der letzten Erfolge in Russland sein. Am 5. Dezember startete die Rote Armee ihren Gegenangriff und befreite dabei als erste größere Stadt Kalinin. Dies zwang die Deutschen zum Rückzug und wird heute noch als die Wende des Krieges betrachtet.

Ostmärker. Bei uns Soldaten fast vergöttert. Meine Tagebuchblätter möchte ich nur von Euch gelesen wissen; eigentlich selbstverständlich.

In Russland ist Winter, heute hat es etwas getaut, aber das war schon eine Ausnahme. Wir haben alle Pelze und dergleichen erbeutet. Eine Pfundspelzjacke habe ich, hoffentlich bringe ich sie mit heim.

Herzlich grüßt Euch Euer

Rolf

Liebe Eltern!

Schwere Tage haben wir hinter uns, nun endlich etwas Ruhe.

Ich führe zur Zeit unsere 1. Kompanie, da dort alle Offiziere ausgefallen[8] sind. Meine Feldpostnummer ist wieder 03105 (wie früher).

Hoffentlich erhaltet Ihr wenigstens meine Post, ich habe bisher noch nichts von Euch erhalten. Ich schickte einmal 200,- RM und einmal 50,- RM (für Vatis Geburtstag) nach Hause. Auch Tagebuchblätter nahm ein Unteroffizier mit nach Deutschland. Er will sie Euch per Einschreiben zusenden.

Es geht uns allen ziemlich dreckig, aber wir werden schon durchkommen.

In Liebe grüßt Euch Euer

Rolf

---

[8] „Ausgefallen" bedeutet in diesem Zusammenhang verwundet oder getötet.

Tagebuchnotizen vom 24.10.41

Liebe Eltern!

Der kurze Kartengruß soll Euch melden, dass ich bisher alles gut überstanden habe; toi, toi, toi! Allerhand haben wir durchgemacht. Die Feldpost hat mich noch immer nicht erreicht, was aber bei dem Vormarsch nicht verwunderlich ist. Wir hoffen alle nicht noch den Winter hier verleben zu müssen, aber für ausgeschlossen halte ich es nicht.

Mit herzlichen Grüßen, Euer

Rolf

1.11.41

Liebe Eltern!

Heute ist ein denkwürdiger Tag; die erste Post ist eingetroffen. Leider aber nichts von Euch. Doch wird es nun auch nicht mehr lange dauern bis Post von Euch eintrifft.

Mit herzlichsten Grüßen, Euer

Rolf

N.S.: Post war vom 12.10. aus Hersfeld!

2.11.41

Liebe Eltern!

Ich sitze nun schon eine Viertelstunde vor diesem Bogen und weiß nicht zu beginnen, so hat mich die Nachricht von Ebers Tod zerschmettert. Ich habe zweimal in diesem furchtbaren Krieg geweint. Bei allen zerfetzten und verwundeten Kameraden, bei jeder eigenen Not habe ich mich im Zaum halten können, so wie ich es als Offizier und Vorbild meiner Leute zu tun habe. Als aber an einem Abend der von mir verehrte und geliebte Chef unserer 1. Kompanie - die ich jetzt zur Zeit führe - Hauptmann Freiherr von Estbeck verwundet rein getragen wurde, musste ich rausgehen, weil mir die Tränen kamen. Gewiss waren auch die furchtbaren Tage daran schuld, die vorausgegangen waren und die Nerven gekostet hatten.

Und heute früh brachte mir ein Mann vom Bataillonsstab die langersehnte Post, zwei Briefe von Euch, einer von Werner Habedank. Schon gestern hatte ich zwei Briefe erhalten, das erste Mal im Russlandfeldzug, aber es war nichts von Euch dabei.

Und nun habe ich lauter unnütze Worte gemacht, weil ich doch nicht auch noch jammern darf und mich doch der Schmerz an der Gurgel packt, dass mir wieder die Tränen auf meine Brille tropfen. Mein so geliebter Bruder Eber ist nicht mehr. Erspart mir weitere Worte, die Wunde ist noch zu frisch, die mir gerissen wurde.

In tiefer Trauer, Euer

Rolf

6.11.41

Liebe Eltern!

Nur damit Ihr nicht zu sehr auf Post von mir warten müsst in aller Eile diesen Gruß!

Rolf

Liebe Eltern!

Zur Zeit bin ich ein wenig krank, aber unbedeutend (Dünnpfiff). Sonst geht es mir gut. Nur viel Arbeit.
Herzlichst, Euer dankbarer

Rolf

Liebe Eltern!

Es ist so schwer für mich ein tröstendes Wort für Euch in Eurer Trauer um Eber zu finden, wo ich nicht minder Schmerz um ihn empfinde. Zunächst war ich wie erschlagen, als ich den so lange und freudig erwarteten Brief von Euch in Händen hielt und er einen schwarzen Rand hatte. Ich dachte sofort an Eber und fand es bestätigt, als ich die Zeilen öffnete. Und das furchtbarste ist ja der Gedanke, dass dies Opfer vermeidbar gewesen ist. Doch all diese Zeilen quälen Euch ja nur, lasst mich drum davon schweigen. Wie gut wir zusammen standen und was ich mit ihm verloren habe, wisst Ihr.

Ich habe heute einen schon so lange geplanten Brief erledigt und ihn zur Weiterbeförderung beigelegt. Bitte ihn zu adressieren: *„Notar de Wilde, Gent, Belgien"* und zu frankieren. Absender bitte: *„Lt. R.H., Hersfeld"*.

Mir geht es gesundheitlich wieder gut, nachdem der „flotte Otto" mit Rizinus ausgetrieben worden ist. Wir liegen noch immer in Kalinin in Ruhe. Morgen werde ich zum anderen Bataillon versetzt, wie ich schon schrieb. Sehr bedauerlich, aber nicht zu ändern. Hoffentlich hat der Russlandfeldzug bald sein Ende für uns gefunden. Aber zuvor wird es wohl noch ein bisschen zu tun geben. Das kann aber nicht mehr so wild werden. Draußen liegt Schnee, aber es taut etwas. Ich will noch einen kleinen Spaziergang zur Wolga machen, da es doch bald dunkel wird. Abends wird etwas Schach gespielt oder gelesen. Leider nicht viel Lektüre da!

Grüßt Karl-August und Gerda schön von mir. An Hilde hab ich schon geschrieben, hoffentlich kommt der Brief an.

Euch selbst tausend Grüße, Euer dankbarer

Rolf

14.11.41

Liebe Eltern!

Ich habe heute Gelegenheit Euch einen lieben Gruß zuzusenden durch einen Zahlmeister, der heute nach Frankfurt zurückfährt, um dort dienstliches zu erledigen.

Ihr könnt mir ebenfalls durch ihn Post zusenden und zwar wie folgt adressiert: *Herr Oberzahlmeister Hill, Darmstadt, Heidelberger Straße 49 (für Lt. Hagen 03886).*

Also, liebe Eltern, schreibt mir bitte, bitte mal einen langen, langen Brief, damit ich endlich mal von Euch höre! Den Brief per Eilpost (oder so schnell wie möglich) frankiert an obige Adresse! Herr Hill hat mehrere Tage in Frankfurt zu tun, fährt dann noch nach Darmstadt und von dort per Flugzeug nach Kalinin zurück. Post, die ihn in Darmstadt erreicht, bringt er dann mit hierher. So habe ich wenigstens Aussicht in acht Tagen mal von Euch zu hören, hoffentlich erfreulicher, als das letzte Mal. Aber bitte kein Päckchen - wenngleich ich schon ein paar Wünsche hätte - aber Herr Hill

---

kann <u>nur</u> Briefe mitbringen, da er schon stark überlastet ist.

Ich bin nun gestern, wie ich es schon erwartet hatte, zum anderen Bataillon versetzt worden. Daher auch meine neue Feldpostnummer: <u>03886</u>, die Ihr so auf schnellstem Wege erfahrt. Teilt sie auch bitte allen Bekannten mit.

Meine Versetzung braucht Euch in keiner Weise beunruhigen, im Gegenteil. Mein Kommandeur ist (wie früher) Oberst Westhoven, ein hervorragender Mensch, der, schon älter, zu uns allen wie ein guter Vater ist. Und ich habe so das Gefühl, als möge er mich besonders gern. Zunächst hat er mich zur Führerreserve seines Regiments gesteckt. Habe also momentan nichts zu tun und liege in Kalinin. Als ich ihm gestern Abend erzählte, dass mein Bruder gefallen sei, willigte er sofort auf meinen Wunsch, ich wolle gern meines Bruders Grabmal in Tschemin aufsuchen, ein und gab mir die erforderlichen Papiere. Da ich zur Zeit noch keine Verwendung habe, ließe sich das gut machen, meinte er. Mit so viel Entgegenkommen hatte ich gar nicht gerechnet.

Nun sitze ich heute schon den ganzen Tag auf dem Flugplatz und warte auf eine „Ju"[9], die mich nach Smolensk zunächst mitnehmen soll. Morgen werde ich es noch mal versuchen. Allzu groß sind meine Hoffnungen nicht, dass ich Ebers Grab finden werde. Auch weiß ich nicht, wie ich von Smolensk weiterkommen werde. Aber ich werde es versuchen, habe ja zurzeit nichts zu versäumen.

19 Uhr.

Ich bin eben wieder in meinem Quartier angekommen und wärme mich bei einer Tasse heißem Tee, leider

---

[9] Die Junkers Ju 52 (Spitzname: „Tante Ju") war ein dreimotoriges Verkehrs- und Transportflugzeug.

ohne Zucker, wieder auf; mörderisch kalt heute draußen. Trotz guten Wetters habe ich keine „Ju" nach Smolensk bekommen. Werde morgen noch mal mein Glück versuchen.

In Kalinin brennt es wieder an vielen Stellen, der Russe schießt noch kräftig in die Stadt rein. Als ich vom Flugplatz zur Stadt zurück fuhr - der Zahlmeister nahm mich mit, der ebenfalls morgen noch mal versuchen will eine Maschine zu bekommen (Oberzahlmeister Hill) - mussten wir noch mal hier in Deckung gehen, weil der Russe wieder mit Granatwerfern auf die Straße schoss. Zu allem Überfluss fuhr der Fahrer bei dem Glatteis noch in den Graben und wir mussten kräftig drücken um den Wagen wieder flott zu bekommen. Doch wenn's dabei rechts und links kracht, geht das noch mal so schnell.

Die Hoffnung noch über Winter ins Reich zu kommen haben wir alle fast aufgegeben. Das mag ein trostloser Winter werden hier in Russland. In den nächsten Tagen soll die Feldpost auch vorankommen, wie ein Kind freut man sich darauf.

Mit herzlichen Grüßen, Euer dankbarer

Rolf

Smolensk, 13.11.41

Liebe Eltern!

Ich hoffe, dass Ihr inzwischen den Brief, den Oberzahlmeister Hill für Euch mit ins Reich nahm, erhalten habt. Daraus wisst Ihr von meinem Versuch Ebers Grab aufzusuchen; leider bin ich bisher nur bis Smolensk gekommen. Alles Warten heute bei grimmiger Kälte und schneidendem Wind auf eine Weiterverbindung nach

Kiew war vergeblich und es besteht so gut wie keine Aussicht von hier nach Kiew fliegen zu können. Da für mich bei der Zeit und den Entfernungen nur der Luftweg infrage kommt sieht es also schlecht aus. Bessere Möglichkeiten wären vielleicht, wenn ich zunächst erst bis Minsk oder Warschau zurück und von dort nach Kiew flöge, aber das ist alles so unbestimmt und riskant. So werde ich wohl morgen noch versuchen etwas Marketenderwaren und Bücher für unsere Truppe einzukaufen und dann werde ich wieder auf eine „Ju" warten, die mich mit zurück nach Kalinin nimmt. Hoffentlich ist da noch alles beim alten.

Seit gestern bin ich beim Regimentsstab 616, Oberleutnant Druschke, zu Gast, wo ich neulich aufgenommen worden bin. Druschke ist immer noch der alte mit seiner herzerfrischenden Art. Wie im Urlaub komme ich mir vor, mal keine russische Ari[10] und mal in Ruhe schlafen. Dazu als Höchstkultur ein Lokus mit Wasserspülung und elektrischem Licht! Das lernt man erst zu schätzen, wenn man mit Dünnpfiff 4-5 Mal nachts raus muss in die Kälte an den Bretterzaun, wo es noch ringsum knallt und brennt und einem obendrein der Schnee auf den Hintern rieselt.

Und dann schöne warme gemütliche Zimmer hier, ohne Ungeziefer anscheinend. Geregelte Verpflegung. Gestern Abend klönten wir bei gutem Rotwein, sogar zu einer Flasche Sekt hatte Herr Oberstleutnant mich eingeladen (doch wurde Rotwein zweckmäßigerweise vorgezogen). Ich habe etliche Gläser verpichelt, so dass ich fast einen kleinen Schwips hatte. Dem Darm hat's gut getan und herrlich geschlafen habe ich.

Eben haben wir zu Abend gegessen, Milchreis gab es, sogar mit Zucker und Zimt. Dazu mal wieder

---

[10] Artillerie

Radiomusik und Nachrichten. Die Brüder haben es auch verflucht gut hier. Aber es ist noch wie früher, alle jungen Offiziere hier beneiden mich ob das, was ich alles miterlebt habe; und ich selbst bin auch stolz darauf.

Diesen Brief will ich einem Fahrzeug mitgeben, das Major Druschke übermorgen nach Hersfeld in Marsch setzen will. Morgen werde ich versuchen ein kleines Päckchen für Euch zu Weihnachten zusammenzustellen, da die Gelegenheit so günstig ist. Aber es ist ja so schwer irgendetwas zu bekommen. In Frankreich war das schon entschieden besser. Na, ein Stück Seife habe ich schon, viel mehr wird es auch nicht werden. Weil mein Weihnachtsgeschenk an Euch, liebe Eltern, aber nicht zu kümmerlich werden soll, so schenke ich Euch hiermit 100,- RM von den 170,- RM, die ich neulich über Hamburg nach Hause geschickt habe. Ihr sollt Euch davon anschaffen, was Ihr gut gebrauchen könnt und bekommen könnt. Vielleicht eine Kiste Wein oder so etwas. Eine schöne kleine Winterreise in den Harz nach Thale zu Muttis Bruder oder nach Braunschweig lässt sich vielleicht auch im Wesentlichen davon bestreiten. Hoffentlich könnt Ihr was recht vernünftiges damit anfangen. Mir werdet Ihr zu Weihnachten nichts rechtes schicken können, und selbst werde ich wohl nicht bei Euch sein. Das ist hart, aber nicht zu ändern. Wenn Ihr aber in kleinen Päckchen mal etwas brauchbares, Rasierklingen, Schreibpapier oder dergleichen schickt, so freue ich mich natürlich sehr darüber (Nivea-Creme, oder was gegen Frost! Mein kleines Schachspiel). Von meiner Versetzung und meinem neuen bzw. alten Kommandeur Oberst Westhoven berichtete ich schon länger im letzten Brief. Auch meine neue Feldpostnummer 03886 habe ich schon darin angegeben.

Heute traf ich Söllner und Fußgänger hier, mit denen ich seinerzeit in Berlin zusammen war. Bei einer

Tasse Kaffee und einer Zigarette wurden alte, schöne Erinnerungen aufgefrischt. Morgen werde ich unter anderem auch Herrn Oberst Gutzeit besuchen, mit dem ich heute bereits telefonisch gesprochen habe. Er liegt auch hier in Smolensk.

Morgen soll dieser Brief an Euch noch weitergehen, jetzt gehe ich rüber, da Oberl. D. eben rausgekommen ist und wir wohl noch etwas zusammensitzen werden.

14.11.41,23 Uhr.

Ich komme eben aus dem Front-Kino und will noch schnell das Päckchen an Euch fertig machen, da Feldwebel Brücker morgen früh los nach Hersfeld fährt und persönlich das Päckchen Euch überbringen will. Ein Stück Seife habe ich noch als entbehrlich in meiner Aktentasche - dem derzeitig einzigen Gepäck - festgestellt, da ich noch Seife in Kalinin habe. Auch sonst noch ein paar Kleinigkeiten die ich zur Zeit entbehren kann, da ich gut versorgt werde. Ich komme mir ja recht kümmerlich mit dem Päckchen vor, wenn ich mit den Paketen die Leute von Ost nach Hause schicken vergleiche, kann's aber nicht ändern. Mein Hauptgeschenk sind eben die 100,- RM.

Mein heutiger Besuch bei Oberst Gutzeit dauerte fast zwei Stunden, so viel wurde erzählt. Dadurch hat sich auch mein Plan betr. Ebers Grab geändert. Ich fahre morgen früh mit einem PKW, den mir Druschke vermittelt hat, und einem Empfehlungsschreiben von Gutzeit los nach Kiew; so scheint es doch noch was zu werden.

Heute kaufte ich für meine Kameraden für 92,- RM Bücher ein, ich überlegte, ob ich Euch noch eins mitschicken soll, will aber doch davon absehen, da Bücher hier sowieso sehr knapp sind. Ihr könnt Feldwebel Brücker etwas an mich mitgeben (Post wie folgt adressiert: *Lt. Hagen, SR 1, Kraftfahrzeugstützpunkt, 1. Pz.*

Div., Kalinin). Wenn ich Glück habe erreicht es mich auf dem Rückweg. Schickt aber nichts Wertvolles (eine Tabakspfeife oder ein Doppelkopfspiel vielleicht), da die Sache etwas unsicher ist.

Ach, es ist ja so schön hier, wie im Urlaub und die alten Kameraden sind alle so nett.

Draußen ist es mörderisch kalt[11]. Vielleicht könnt Ihr ja auch etwas Nivea oder sonst was gegen Frost mitschicken.

Für heute will ich schließen. Hoffentlich treffen meine Zeilen und Weihnachtsgabe Euch bei guter Gesundheit an.

Mit lieben Grüßen, Euer dankbarer

Rolf

24.11.41

Liebe Eltern!

Gestern, am 23.11. abends, habe ich meine Truppe in Kalinin wieder erreicht. Von Smolensk bis Stariza hatte ich wieder eine „Ju" erwischt, von dort einen LKW, auf dem ich hinten zwischen Kameraden, die mir in jedem Schlagloch auf die Füße sausten, bei eisiger Kälte ein paar Stunden hocken musste. Ich hatte Glück, dass ich gerade gestern zur Truppe kam, denn heute früh ging der Vormarsch weiter. Es wäre recht übel geworden,

---

[11] Der russische Winter hatte in diesem Jahr verfrüht eingesetzt und die Temperaturangaben schwanken dabei heute zwischen -30°C und -50°C. Klar ist allerdings, dass die Deutsche Wehrmacht keinesfalls auf diese Temperaturen vorbereitet war und deshalb die Zivilbevölkerung oder gefallene und gefangene russische Soldaten plündern musste, um an warme Kleidung zu kommen. Auch hoffte man, von zu Hause etwas geschickt zu bekommen, zum Beispiel Fettcreme wie in diesem Fall, mit der man dann sein Gesicht daumendick einrieb.

---

wenn ich allein hätte nachzotteln müssen. Einen genaueren Reisebericht aus Tschemin hatte ich Euch versprochen. Doch denke ich, könnt Ihr ihn auch in meinem Tagebuch finden, dass ich sowieso noch nachtragen muss. Wenn ich die Tage nachgetragen habe, und sich eine einigermaßen sichere Beförderung bietet, schicke ich Euch wieder ein paar Blätter. Hoffentlich sind die vorigen immer angekommen.

Für heute nur noch ein paar Weihnachtswünsche. Abonniert doch bitte für mich - vielleicht direkt beim Verlag - „Das Reich" (Wochenzeitschrift) und eine gute Illustrierte („Berliner" oder „Illustriertes Blatt"). Und dann hab ich noch einen Vorschlag, den Vati, sollte er ihn auch für richtig halten, durchführen möchte:

Ihr werdet gewiss Euch gefreut haben, dass ich an Ebers Grab war und Ihr dadurch so viel erfahren habt, dass Ihr, wenn Ihr an Eber denkt, nicht immer im Ungewissen seid. Das verdankt Ihr aber nicht nur mir, sondern in erster Linie meinem Kommandeur, Herrn Oberst Westhoven, der mich für diese Fahrt beurlaubt hat und mir die nötigen Papiere gab. Ich hielte es nun für angebracht, wenn Vati kurz, ganz reserviert, Herrn Oberst dafür dankte, dass er mir das ermöglicht hat und Euch dadurch Eure Ungewissheit beruhigte. Der Oberst ist immer sehr nett und freundlich zu mir (was Ihr ihm natürlich nicht schreiben dürft). Aber Ihr wisst schon, wie ich es meine. Beziehungen sind ja alles. Wenn Ihr ihn auch nicht selbst kennt, so dann doch wenigstens brieflich.

Weiter denke ich, dass Vati ein paar Zeilen an Oberst Gutzeit und Oberleutnant Druschke schreibt, mit etwa gleichem Inhalt. Gutzeit verhalf mir durch Ratschläge und Empfehlungsschreiben weiterzukommen und Druschke stellte mir einen PKW zur Verfügung. Das ist allerhand hier bei den Straßen, der Benzinknappheit und den Entfernungen. Ob und was Vati geschrieben hat würde ich gerne wissen.

Also der Vormarsch geht weiter und unsere Hoffnung zu Weihnachten zu Hause zu sein, haben wir begraben; ich glaube, es wird den ganzen Winter nicht mehr werden. Da war selbst unsere trostlose Weihnacht voriges Jahr bei Besancon noch besser wie diese werden wird. Es ist halt Krieg, und jeder soll froh sein, der hier mit heilen Knochen rauskommt. Er hat eine Lehre für sein Leben durchgemacht, alles was man bisher als „Entbehrung" ansah, wird ihm lächerlich vorkommen.

Bei meiner gestrigen Rückkehr fand ich wieder etwas Post vor, doch war von Euch nichts dabei. Aus einem Brief von Inge Mantel ersah ich unter anderem, dass Vati ihr meine Feldpostnummer (die zwar zur Zeit nicht mehr stimmt, doch das teile ich Inge selbst mit) sowie das bunte Büchlein zugesandt hat, vielen Dank.

Gern hörte ich mal ausführlicher von Euch. Auch bin ich immer noch neugierig auf meine letzten Fotos.

Habt Ihr über Herrn Hill an mich geschrieben? Ich komme nicht mehr mit ihm zusammen, na, werd schon mal Gelegenheit haben ihn zu treffen oder jemanden hin zu schicken.

Ein paar Fragen im Kurzstil:

1.) Ist der Brief an Hilde und Marguerite weitergesandt?
2.) Ist mein Weihnachtspäckchen angekommen?
3.) Das finanzielle Geschenk?
4.) Meine Tagebuchblätter bis einschließlich 30.10.41?
5.) Was macht mein laufendes Gehalt? Abrechnungen?
6.) Habt Ihr Hilde von meiner Tscheminfahrt erzählt?
7.) Was machen meine letzten Filme vom Urlaub?
8.) Habt Ihr die Aufnahmen aus Frankfurt bekommen?

So, nun fällt mir eben nichts weiter ein. Wenn Ihr noch ein paar Tipps für Feldpostpäckchen haben wollt: Rauchwaren, Kuchen, Rasierklingen, Hautcreme, Nähzeug, Schreibzeug, Zeitungen, Illustrierte, Bonbons, Kamm, Kerzen, usw.! Nur ein Tipp, damit Ihr nicht zu sehr überlegen braucht.

Nun ist der Brief doch länger geworden als ich es für möglich hielt. Jetzt kommt das Tagebuch noch dran, die Abende sind ja lang, um 16 Uhr wird's schon dunkel.

Recht herzliche Grüße, Euer dankbarer Sohn

Rolf

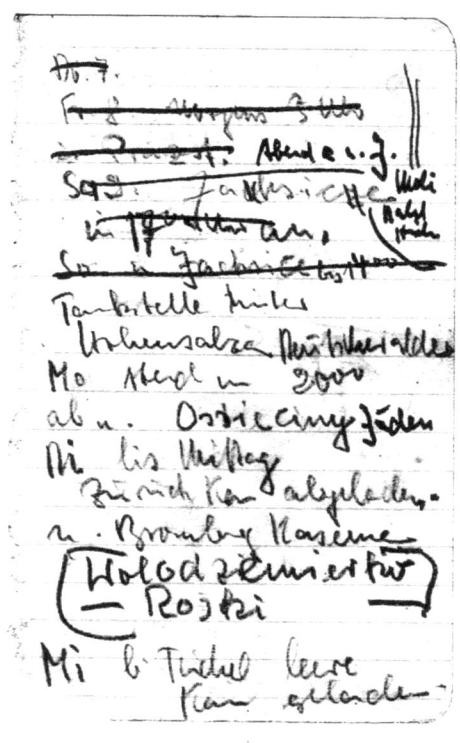

Tagebuchnotizen vom 24.11.41

Liebe Eltern!

Da ich eben wieder Zeit habe, in einer halben Stunde gibt es erst was zu essen, soll wieder ein Brief an Euch geschrieben werden.

Ich erreichte gestern am 24.11. mein Regiment, das schon wieder, wie ich Euch schon im letzten Brief schrieb, auf dem Vormarsch war. Wo wir zur Zeit genau stecken, kann ich Euch nicht schreiben, da die Operationen wieder im Gange sind; bis Euch der Brief erreicht, bin ich ja auch schon längst wieder woanders. Aber Ihr könnt es ja leicht vermuten, da Ihr wisst, dass ich längere Zeit in Kalinin lag.

Einen besonderen Wunsch habe ich heute: Vorgestern bat ich Euch, doch ein paar Zeilen des Dankes an Oberst Westhoven zu schreiben. Nun habe ich plötzlich Angst wegen dieser Bitte. Ich fürchte nämlich, dass Ihr irgendetwas von Eurer Sorge um mich durchklingen lassen könntet, was an und für sich durchaus verständlich wäre. Das darf aber nicht sein. Dass es so ist weiß der Oberst selbst. Aber es wäre mir sehr unangenehm und Herrn Oberst bestimmt auch, wenn Ihr diesen Brief benutzen würdet, in irgendeiner Form um besondere Sicherung meiner Person zu bitten. Dass er jeden nach Möglichkeit schützt ist selbstverständlich, aber mehr darf es für einen Offizier nicht geben. Ihr sollt die Hoffnung haben, dass ich hier meine Pflicht tue, etwas anderes darf es nicht geben, so hart es ist. Ihr tut mir immer etwas weh, wenn Ihr in Euren Briefen so sehr Eure Sorge um mich zum Ausdruck bringt. Ich weiß ja, dass es so ist und werde doch selbstverständlich alles tun, um zurückzukommen. Aber diese Sicherung der eigenen Person hat ihre Grenze vor der Drückebergerei. Auch das wird Euch wie uns selbstverständlich sein. Die Worte dieser Zeilen gefallen mir selber nicht, aber Ihr versteht, wie ich es meine. Sollten sie überflüssig gewesen sein, so verzeiht mir.

Eben kam Leutnant Fröhlich rein, und erzählte mir, der Oberst sei heute früh beim Angriff auf eine Mine gefahren, aber Gott sei Dank ist ihm nichts passiert. Es wäre ein furchtbarer Schlag für das Regiment gewesen und nicht zuletzt für mich selbst, weil ich ihn so sehr schätze.

Gestern Nachmittag meldete ich mich zurück bei ihm von Kiew, er war aber zu stark beschäftigt, er hatte keine Zeit. Ich fuhr daher 7 km zurück zur Stabskompanie, wo ich noch immer in Reserve liege. Abends war ich dann noch mal am Regiments-Gefechtsstand, fast 2-3 Stunden beim Oberst und Adjutant und Ordonnanzoffizier. Ich gab einen langen Reisebericht und dankte nochmals, dass mir die Fahrt ermöglicht wurde. Herr Oberst war wie immer sehr freundlich; wirklich wie ein guter Vater ist er zu uns.

Dann spielte ich Weihnachtsmann (etwas verfrüht). Ich wollte doch nicht mit leeren Händen von meiner Fahrt zurückkommen. Oberst Gutzeit, der in Smolensk an der Quelle sitzt, vermittelte mir ein paar Kantinenwaren. Viel konnte ich ja nicht mitschleppen, da ich kein Fahrzeug hatte und auch nicht viel Geld (hatte ein paar Tage zuvor gerade 170,- RM nach Hause geschickt). Darum nahm ich eine Anleihe bei meiner Kompanie vor Abfahrt auf (100,- RM, die schon zurückgezahlt sind) und kaufte ein: für 92,- RM Bücher, mit denen ich große Freude hervorgerufen habe und für 80,- RM Kantinenwaren, unter anderem Schnaps, Likör, Zigarren, Zigaretten, Zigarillos, Taschenlampen, Batterien, Messer, Kartenspiele, Hautcreme, Briefpapier, Umschläge, Feuerzeuge, usw.! Von allem nur ganz wenig, aber im Ganzen doch viel. Darüber hat sich Herr

Oberst, der ganz überrascht war, natürlich sehr gefreut. Die Sachen habe ich - bis auf das was ich selber behielt - geschlossen beim Regiment abgegeben um keine finanziellen Schwierigkeiten und Laufarbeit zu haben.

Bei meiner Rückkehr zum Regiment fand ich gestern Post vor, für die ich hiermit vielmals danke. Es waren ein Brief vom 18.10. mit Taschentüchern (die erwähnte und sehr begehrte Zahnbürste ist noch nicht angekommen) und der Brief vom 17.10. Für die Fußlappen, die schon in Gebrauch sind, vielen Dank. Sind tadellos. Der erwähnte Kamm ist noch nicht eingetroffen, brauche ihn zurzeit auch noch nicht dringend, da ich mir einen besorgt habe. Doch zwei sind besser. Hoffentlich hat Vati die Zigarren inzwischen bekommen und 50,- RM schicke ich - glaube ich - in einem Brief auch zum Geburtstag. Eine Taschenlampe habe ich inzwischen auch, aber da es schon um 16 Uhr dunkel wird, wird die Batterie schnell alle sein und neue sind rar. Daher ist eine Dynamotaschenlampe nach wie vor sehr erwünscht.

Zum ersten Mal höre ich in dem Brief, dass meine Sachen gut angekommen sind; auf die Nachricht habe ich schon lange gewartet. Mit dem Krad-Mantel ist Pech, aber wenn sonst alles gut gegangen ist, will ich schon zufrieden sein. Ebenfalls freue ich mich, dass die Fotos gut sind. So neugierig ich auch bin wage ich doch nicht sie mir schicken zu lassen. Das Risiko ist zu groß.

Brief von Fräulein Schäfer ist auch noch nicht da. Außerdem erreichte mich noch Euer Brief vom 16.10., darin Ebers schönes Gedicht vom 1.6.40 und der Brief aus Berlin von Rolfram Tue, mit dem ich zusammen auf dem Ammersee segelte, zwei Fotos hatte er mit beigelegt. Hier ist es zur Zeit gottlob sehr ruhig. Kein Schuss fällt (bin ja auch etwa 12 km hinter der Front), wenn man dagegen an die tägliche (und nächtliche) Ballerei in

Kalinin denkt. Heute griff das Regiment wieder an, es soll die gesetzten Ziele (etwa 5 km) fast ohne einen Schuss und ohne Verlust erreicht haben. Aber ganz so wird es wohl nicht weitergehen.

Ihr schreibt vom „Endkampf" in Eurem Brief. So weit ist es wohl noch nicht und im nächsten Jahr werden wir wohl auch noch in Russland kämpfen. Warum man nur immer diesen falschen Eindruck in der Heimat erweckt, das kann doch nur Enttäuschung und sinkendes Vertrauen ernten[12].

So, heute habe ich mal wieder viel geschrieben, überhaupt könnt Ihr Euch in letzter Zeit nicht über mich beklagen, wenn nur alles ankommt.

Nehmt recht herzliche Grüße entgegen von Eurem

Rolf

29.11.41

Liebe Eltern!

Heute nur einen kurzen Gruß. Ich vertrete vorübergehend unseren Ordonnanzoffizier, der auf eine Mine fuhr und leider Prellungen davontrug. Daher habe ich enorm zu tun, da alles neu für mich ist. Sonst geht es mir aber gut, wir kamen in letzter Zeit sehr gut vorwärts.

In Eile, Euer

Rolf

---

[12] Die deutsche Bevölkerung wurde durch Zeitungs- und Kinoberichte auch noch lange nach dem Gegenangriff der Russen über die tatsächliche Lage an der Front hinweggetäuscht. Dabei nannte man Rückzüge beispielsweise „Frontbegradigung", etc., wahre Berichte gab es also nur noch unter der Hand von Urlaubern oder Heimkehrern.

Liebe Eltern!

Wenn ich Euch seit Tagen nicht schrieb, so liegt es daran, dass ich von früh bis spät und oft nachts in Trab bin. Meine derzeitige Stellung als Ordonnanzoffizier des Regiments nimmt mich voll in Anspruch, aber ich lerne recht viel dabei, wenn auch mein Ansehen beim Kommandeur etwas gelitten hat, denn er hat doch bald gemerkt, dass es mir an vielen Stellen noch recht fehlt. Die Zeit beim Nachschub hängt mir jetzt böse nach. Aber in ein paar Tagen wird meine Vertretung des erkrankten (Mine) Ordonnanzoffiziers beendet sein. Ich werde dann wohl wieder zur Reserve kommen. Wenn Ihr diese Zeilen bekommt, hat sich sicher schon alles völlig geändert. Aber zur Zeit geht es trotz Schnee und Eis gut voran.

Wieder ein Auftrag. Schnell. Frohe Weihnacht!

Rolf

Send. 27 / 28

Pt. Krone — Zül Johannisdat —
Born Usfatenhof — Linde
Tempelburg — Falkenburg.
Rauning — Hangerin, Stargard
Stettin. Quartiermacher.

25/26

3. Pi. Spezu Battalion. 23.00 unter

Gut Dillkow — Schneidemühl

Kreojante — Ostwind Flatow
Silmenate — Kleschin
u. zurück Schneiden. Pt Kr. Hammer
169 Km

Tagebuchnotizen vom 4.12.41

Liebe Eltern!

Ich muss Euch tatsächlich wieder täglich ein paar Brocken zusammentragen, um überhaupt einen Brief zusammen zu bekommen. Die Ereignisse überschlagen sich, von früh bis spät und oft in der Nacht bin ich in Trab. Dazu grimmige Kälte, rund -30 °C.

Über die militärische Lage kann ich natürlich nichts berichten, auch nicht wo ich bin. Im Nachrichtendienst hört Ihr es ja viel früher, als durch meinen Brief.

Trotz allem geht es mir gut. Der Winterkrieg ist zwar wenig erfreulich, doch das hilft alles nichts. Meine Hoffnung, oder besser unsere Hoffnung, diesen Winter ins Reich zu kommen haben wir zu 90% aufgegeben, doch 10% sind noch vorhanden.

Leider kann ich hier nicht so das leisten, was man - und ich glaube besonders Herr Oberst - von mir erwartet hat. Wäre ich doch nur von Anfang an bei einer Kampftruppe gewesen. Doch Mühe gebe ich mir. Und dämlich bin ich oft auch, schlimm, wenn man es selbst zugeben muss. Aber ich sag's halt nur Euch.

Das macht mich oft recht niedergeschlagen. Besonders das Gefühl, als würde ich den Herrn Oberst - den ich nicht nur schätze, sondern richtig gern habe, weil er wie ein guter Vater zu uns ist - etwas enttäuschen.

Wenn erst diese Zeit in Russland überstanden wäre! Neuester Ruf bei uns ist nicht „Heim ins Reich", sondern „Heim, es reicht!".

Für heute herzlichst Euer

Rolf

Liebe Eltern!

Heute sollen diese Grüße an Euch abgehen. Mir geht's gut, aber wenig Zeit. Gestern und vorgestern 35-40 °C Kälte!

Rolf

Liebe Eltern!

Seit Tagen kam ich nicht dazu, Euch einen Gruß zu senden. Die Ereignisse haben sich auch mehr wie überschlagen. Viel gäbe es zu berichten, aber…!

Heute kam mal wieder Post, doch nichts für mich. Das macht mich oft sehr traurig, wenn ich sehe, dass andere Rauchwaren, Gebäck, Bonbons, usw. geschickt bekommen. Die kleinste Kleinigkeit würde einen ja so erfreuen. Schickt mir doch mal ein paar Fotos mit, jedoch ist folgende Sicherheitsmaßnahme dabei notwendig: Die Nummern (Bild- und Filmnummern) der Bilder, die Ihr mir zusendet, müsst Ihr Zuhause notieren, damit - falls sie verloren gehen - eine Wiederbestellung möglich ist.

Das Wetter ist uns wenig günstig. Eine schwere Frostwelle bis -45 °C und heute Tauwetter mit Regen, jetzt wieder Frost und daher Glatteis. Ich bin wohl bei dem Regiment, was am meisten miterlebt hat und was immer am Brennpunkt gestanden hat. Generäle und Divisionskommandeure, alles trifft sich auf unserem Gefechtsstand.

Allein vorgestern hat der Russe bei seinen Angriffen über 500 Tote, viele Gefangene und wahrscheinlich an die 800 Verwundete vor unserem Abschnitt gehabt.

Wie es wohl bei Euch zu Weihnachten sein wird?! Sicher genauso trostlos wie bei uns, wo keiner von Euren Jungens bei Euch sein kann und der liebe Eber für immer fort bleibt. Kommt Karl-August doch vielleicht übers Jahr zu Euch? Aber sicher ist der auch zu weit fort.

Leider habe ich auch mein Tagebuch nach meiner Fahrt nach Kiew nicht mehr aufnehmen können. Vielleicht kann ich in ruhigeren Zeiten mal etwas nachtragen. Doch ereignet sich so viel, dass man kaum mehr weiß, was vorgestern los war.

Sollten wir - und ich glaube wir werden - über Winter in Russland bleiben, so möchte ich fast nicht von hier auf Urlaub kommen. Die unheimliche Fahrt, und was das Schlimmste würde, bei Rückfahrt sich wieder hier einzuleben.

Seit vier Wochen habe ich dieselbe Wäsche an - nicht etwa, weil ich sie nicht wechseln wollte. Natürlich völlig verdreckt und verlaust. Mein schöner Schlafsack, drei Decken, Stahlhelm, Gasmaske, Tuchmantel und vieles mehr ist zum Teufel. Na, ist wurscht, wenn man nur heil herauskommt, nichts will ich mehr mitbringen. Doch macht Euch nicht zu viele Sorgen um mich. Wenn ich mich mit anderen vergleiche, geht es mir noch immer verdammt gut.

Nehmt herzliche Grüße entgegen, besonders Mutti, Euer

Rolf

Liebe Eltern!

Schnell einen lieben Gruß an Euch! Ein Unteroffizier
fährt ins Reich und nimmt ihn mit. Trotz Schnee und
Eis geht's mir gut. Ich traf gestern Hauptmann Krache.
    Herzlichst, Euer

Rolf

Im Osten, den 19.12.41

*Sehr geehrter Herr Professor! Heute hatte ich die große
Freude, Ihren Sohn Rolf bei mir begrüßen zu können,
eine herrliche Stunde in Hersfelder Erinnerungen
schwelgend. Wir hoffen, die nächsten Tage uns des Öf-
teren zu treffen. Besondere Freude hat es mir gemacht,
Ihren Herrn Sohn so wohlauf zu sehen. Mit den besten
Wünschen für persönliches Wohlergehen bin ich Ihr
Oberstabsarzt Dr. Otto Klein (FP-Nr. 36971)*

Liebe Eltern!

Ich habe mich riesig gefreut im Nebenhaus einen
Landsmann zu finden. Sehr nett haben wir uns unterhalten. Noch auf dieser Karte meinen Gruß. Ich will nachher noch schnell einen Brief an Euch schreiben. Bis
dahin herzlichen Gruß!
    Euer dankbarer

Rolf

Liebe Eltern!

Heute habe ich einen sehr schönen Abend beim Ober-stabsarzt Dr. Klein verlebt, den ich zufällig im Neben-haus entdeckte. Viele nette Erinnerungen wurden ausge-tauscht. Eine Karte schrieben wir auch schon an Euch.

Nun ist bald Weihnacht und es wird Zeit Euch meine besten Wünsche für 1942 zu senden. Möge uns dieses Jahr wieder vereint zusammen sehen. Das ist wohl unser aller Wunsch. Ach, ich habe schon wieder so viel Schreckliches miterlebt, aber alles gottlob gut überstanden. Mit meinem linken Zeh werde ich wohl noch etwas Scherereien haben, aber nicht so wild. Sonst kann ich Euch nichts weiter berichten, nur ist es alles anders, als Ihr glaubt. Ernst Amelung und Gert Zernikow sind ja auch gefallen. Ich schrieb heut Abend an Amelungs und an Fräulein Lindemann, der Braut von Zernikow.

Seit Wochen habe ich nun wieder keine Post von Euch erhalten, wenn Ihr nur immer meine Zeilen erhal-ten. Doch ängstigt Euch nicht zu sehr, wenn sie mal ausbleiben. Manchmal ist wirklich nicht für einen Kar-tengruß Zeit oder es geht keine Post fort. Bei meinem alten Bataillon liegt sicher Post für mich, aber ich weiß nicht wo es zur Zeit steckt.

Silvester werde ich in Gedanken bei Euch sein, schade, dass ich nicht bei Euch in Hersfeld sein kann.

Nehmt viele liebe Grüße entgegen, Euer dankba-rer

Rolf

Meine liebe Mutti!

Ich habe ein bisschen Tee für Dich aufgetrieben, hoffentlich kommt er wenigstens an. Gestern schrieb ich einen Brief und eine Karte mit Dr. Klein zusammen. Sehr nett war's gestern bei Dr. Klein, heute will ich noch mal zu ihm rüber gehen. Dann wird meine hiesige Tätigkeit wohl beendet sein.

Sonst geht es mir gut, schade, dass ich zu Weihnachten und zu Silvester nicht bei Dir sein kann.

Viele liebe Grüße! Dein dankbarer

Rolf

Russland, den 20.12.41

Sehr geehrter Herr Professor! Durch die Hersfelder Zeitung erfuhr ich von dem Tode Ihres Sohnes Eberhard. Seit gestern wohnt Ihr Sohn, Leutnant Rolf Hagen, neben mir. Wir sitzen beide zusammen in meiner Bude und schreiben an unsere Lieben zu Hause. Die näheren Umstände über den Tod Ihres Sohnes habe ich aus dem Munde seines Bruders erfahren. Ich hatte auch Gelegenheit, den letzten Brief von Eberhard Hagen zu lesen. Es drängt mich deshalb, Ihnen, sehr geehrter Herr Professor, meine aufrichtige Anteilnahme auszusprechen mit der Bitte, dieses auch Ihrer Frau Gemahlin übermitteln zu wollen. Ich drücke Ihnen im Geiste die Hand. Möge die Gewissheit, dass Ihr Sohn sein Leben für die Größe und den Bestand des deutschen Volkes und Reiches hingegeben hat, ein Trost in den Zeiten schweren Leids sein, dass Sie betroffen hat. Ich grüße Sie in aufrichtigem Mitgefühl! Dr. med. Otto Klein

---

Liebe Eltern!

War das eine Freude als ich heute ein Pack Briefe (sechs Stück), die mir Oberzahlmeister Hill mitgebracht hatte, erhielt! Seit Wochen hatte ich wieder keine Post bekommen. Zwei Briefe waren dabei. Nr. 31 mit dem Verzeichnis der mir schon zugesandten Sachen (erschüttert war ich, was da alles kommen muss!) und Nr. 30 mit Muttis Zeilen.

Zunächst will ich Euch nochmals schreiben, was ich bisher erhalten habe: Nr. 12, Brief vom 16.10., 15, 14, Brief vom 10.10., 11, 12, 30, 31. Das wäre zunächst alles, doch hoffe ich, dass zurzeit Post für mich bei meinem alten Bataillon, das aber nicht mehr zum selben Regiment gehört, liegt. Hoffentlich bekomme ich die Post noch vor Weihnachten, das sehr dicht vor der Tür steht.

Gestern schrieb ich auch an Euch, nette Stunden habe ich mit Dr. Klein zusammen gesessen. Heute ist er abgerückt und ich habe seine Panje-Bude[13] übernommen. Ich werde wohl morgen oder übermorgen meinen Sonderauftrag hier beendet haben und zum Regiment zurückkehren. Meine Tätigkeit als stellvertretender Ordonnanzoffizier ist beendet, da Leutnant W. wiederhergestellt ist. Ich werde zur Zeit so mit Sonderaufgaben beschäftigt, bin also wieder Führungsreserve.

Alles an Eurer Post interessiert mich ja so brennend, habe die Briefe schon viermal gelesen, und werde sie wohl in Ermangelung neuerer noch etliche Male lesen. Gestern schrieb ich an Amelung und Fräulein …

---

[13] Ein Panjewagen (Panje = poln./russ. für ‚Herrchen‘, abgeleitet von *pan* = ‚Herr‘) war in der Regel ein kleinrahmiger zweiachsiger Bockwagen, der einspännig von einem Pferd gezogen wurde.

(~~Komm nicht auf den Namen~~) (~~Braut von Zernikow~~)
Aha: Lindemann! Außerdem an Oberst Gutzeit.

Gern hörte ich mal wie die Gedächtnisfeier für Eber in der Kirche war: gestern fand ich bei Dr. Klein in einer Hersfelder Zeitung die Anzeige dazu, zusammen mit Vatis Danksagung und der Todesanzeige von Ernst Amelung, die mich sehr getroffen hat. Ach, wie furchtbar wie so einer nach dem anderen diesen Weg der Pflichterfüllung bis zum letzten gehen muss. Was ich in den letzten Wochen und Tagen erlebt habe, hat alles bisherige übertroffen; selbst zum Tagebuch bin ich nicht mehr gekommen. Es sieht hier verdammt anders aus, als Ihr in der Heimat Euch vorstellen könnt. Doch Schluss damit! Mir selbst geht's noch gut; nur der Zeh hat ein bisschen gelitten. Allmählich scheinen wir jedoch zur Ruhe zu kommen. Na, mündlich kann ich Euch später mal berichten und es ist gut, wenn erst Zeit darüber hingeht.

Karl-August, Gerda und Hilde lasse ich recht herzlich grüßen und ich bitte ihnen meine besten Wünsche zum neuen Jahr zu überbringen.

Schade, dass unsere Weihnachtsgeschenke fast eine finanzielle Verrechnung werden, doch das lässt sich in diesem Jahr halt nicht ändern. Vati danke ich jedenfalls von ganzem Herzen für das enorme Geschenk. Hoffentlich wird es wirklich als Grundstock zu einem kleinen Wagen, aber erstens müssen wir erst mal den Krieg gewinnen und zweitens weiß ich noch immer nicht, ob ich im richtigen Beruf stecke, was mich oft verzweifeln lässt. Die Zeit wird es bringen.

In Liebe grüßt Euch, liebe Mutti und Vati, Euer

Rolf

N.S.: Etwas Tee schickte ich an Mutti. Kam's an?

———

Liebe Eltern!

Heute soll nur ein kurzer Gruß an Euch abgehen. An Kurt Gurke schrieb ich eben in Beantwortung seines Briefes, den Ihr mir weitergeschickt habt. Ich bat ihn auch, Euch mal zu besuchen und Euch meine Epistel mitzubringen. Ist aber nichts Wesentliches.

Den gestrigen Posteingang bestätigte ich Euch gestern schon in meinem Brief, den ich am Heiligabend schrieb.

Sonst gibt's heute nichts Neues! Herzlichst, Euer dankbarer

Rolf

1. Januar 1942

Liebe Eltern!

Es ist eine gütige Fügung des Schicksals, dass sowohl Weihnachten als auch Silvester den Umständen entsprechend schön geworden sind. Mit am wesentlichsten hat dazu die Post beigetragen, die am Heiligen Abend und auch gestern Abend eintraf. Euer lieber Brief Nr. 35 mit Muttis Zeilen war mir eine große Freude, ich danke Euch dafür!

Meine heutigen Zeilen werden etwas durcheinander gehen, da hier viel Betrieb ist. Die Bude gerammelt voll und ein Radio dazu, da hat man keine rechte Ruhe zur Sammlung.

Nun sollt Ihr etwas hören, wie es Silvester bei uns war. Seit vorgestern bin ich hinten bei unserer zweiten Staffel wegen meines Fußes. So schlimm ist die Sache aber nicht. Geht ein bisschen Haut ab und heilt tadellos.

Ich bin aber nicht böse mal ein paar ruhigeren Tagen entgegen blicken zu können. Mit sechs Offizieren zusammen feierten wir gestern Silvester bis 3 Uhr früh. Rotwein und Tee waren auch da und dann kam noch Post, war also restlos in Ordnung. Am schönsten war, dass wir ein Radio hier haben und so doch etwas mit der Heimat verbunden sind. In Gedanken war ich bei Euch zu Hause. Es ist doch ein schönes Gefühl zu wissen, dass Ihr im gleichen Moment zu Hause die Leonoren-Overtüre und den Aufruf des Führers hört und die Silvesterglocken um 12 Uhr. Dann hab ich wahrscheinlich genauso wie Ihr, auf Euer Wohlergehen getrunken und tausend heiße Wünsche für Euch, für uns und für das kommende Jahr brachte ich dem Schicksal entgegen. Dann gingen die Gedanken weiter von Hersfeld zu allen Bekannten, waren einen Moment bei Doktor Schlosser in ihrem gemütlichen Wohnzimmer, bei Marguerite, bei Hagemeiers, Inge Mantel, bei allen Bekannten in Hannover, bei Gerda und Hilde, waren an den Orten, wo ich
zweite Seite fehlt

4.1.

Liebe Eltern!

Morgen geht Post fort, drum soll ein Gruß auch an Euch mitgehen! Seit meinem letzten Brief ist nichts Neues zu berichten. Auch wird es schon recht dunkel und bei Petroleumfunzel lässt es sich nur schlecht schreiben. Drum für heute herzliche Grüße, Euer dankbarer

Rolf

Absendestelle:	...te Meldung	Ort	Tag	Zeit
	Abgegangen			
	Angekommen			

An

	1. Zug 1. Kp.
1 Sp.W. Zug.	1 Pak s.Kp. 13. Pak
1 .... Stab 7. Kp.	Biff 1 Kp. 8.9.6. Zug.
1	1. Zug Pi 5
1	7 Staffel
9. Kompanie	4. Kp. 2. Ra 59.
1 .. 2 / Flak 59	Rgt. 5. mit Kp. Kp. 57
7. 6. Zug 10. Kp.	7. Staffel.
I. A. R 73 .... 1 Batt.	
1 .. 2 Flak 59	
6. Kohlzaum.	
.... Panzerzug 37.	
1". R .. zaum.	

Nr. 792

Tagebuchnotizen vom 4.1.42

5.1.42 (23 Uhr)

Meine liebe Mutti!

Morgen geht Post fort, drum schnell noch einen Gruß und vielen Dank für Deine Zeilen und die Socken (vom 2.10.)! Beides kam in einem ziemlich zerlederten Umschlag heute Abend hier an. Außerdem auch ein Brief von Gerda, für den ich ihr noch heute Abend danken will. Im Radio nette Musik vom Sender Belgrad[14], der bei uns besonders gern gehört wird. Nochmals vielen Dank für Brief und Socken und Grüße an Vati! Dein

Rolf

Im Osten, 9.1.42

Liebe Eltern!

Morgen soll nun endlich die Post fortgehen, drum schnell noch einen Gruß! Schickt mir doch mal meine dicken weißen schafwollenen Socken, die ich seinerzeit aus Böhmen mitbrachte. Aber sehr gut verpacken! Alles andere habe ich Euch schon in meinen Briefen berichtet, Neues gibt es seitdem nicht, höchstens die erfreuliche Meldung, dass mein Fuß gut heilt. Von den dauernden russischen Angriffen hört Ihr ja im Wehrmachtsbericht. Und wie das so im Einzelnen aussieht… na, wir werden es schon schaffen.

Herzlichst, Euer dankbarer

Rolf

---

[14] Ein deutscher Soldatensender, der von Norwegen bis nach Nordafrika auf beiden Seiten der Front empfangen werden konnte. Jeden Abend kurz vor 22 Uhr sendete er das Lied „Lili Marleen" in der Version von Lale Andersen, so auch an diesem Abend, kurz bevor Rolf seinen Brief begonnen hatte.

Liebe Eltern!

Seit Tagen ging bei uns keine Post fort, so habt Ihr sicher sehr auf diesen Gruß gewartet. Heute traf ich wieder mit einem Hersfelder hier im Osten zusammen: mit Günther Feine, wir saßen bis eben zusammen und klönten über gemeinsame Bekannte; zu schön!

Herzlichst, Euer

Rolf

N.S.: Obwohl wir uns nicht kannten haben wir viel gemeinsam. Es ist zu schön, sich unter diesen Umständen in Feindesland kennen zu lernen.

20.1.42

Liebe Eltern!

Heute ist mal wieder ein Freudentag! Post ist gekommen; seit drei Wochen hat es nichts gegeben und auch schon über drei Wochen ging von uns keine Post fort. Morgen soll noch weitere Post eintreffen, da wird wohl wieder etwas für mich dabei sein. Heute traf der schon angekündigte Brief Nr. 33 mit Foto von Dary, der ja nett aussieht, und Brief aus Belgien ein. Ferner Nr. 39 und 32! Nr. 32 war ja die Durchschrift des Briefes, den ich Weihnachten durch Oberzahlmeister Hill erhielt. Das darin liegende Postverzeichnis, dass ich nun zweimal habe, sende ich mit zurück, damit Ihr seht, dass auch einiges Eurer Sendungen angekommen ist.

Sonst geht's mir gut. Mein Zeh heilt tadellos, die erfrorene Haut hat sich schon abgestoßen - ein Stück liegt bei (ist gern geschehen) - und die neue ist da und beginnt sich zu verstärken. Außerdem kam heute noch ein Brief von Kurt Gurke und zwei Päckchen, eins von Gerda und eins von Renate Broszinski, wo ich mich sehr darüber gefreut habe. Hoffentlich komme ich bald dazu, ihr zu danken!

Vielleicht morgen mehr, herzlichst, Euer

Rolf

Abgefrorene Haut aus dem Brief vom 20.1.42

21.1.42

Liebe Eltern!

Da morgen Post fortgeht, soll schnell ein Gruß mitgehen. Eigentlich wollte ich Euch einen längeren Brief schreiben, kam aber heute nicht dazu, da ich umzog in ein anderes Quartier. Die weiter für heute erwartete Post traf leider nicht ein. Vielleicht morgen. Hoffentlich kommen dann auch Eure Päckchen mal mit an. An Gerda schrieb ich heute einen längeren Brief, auch an Renate Broszinski, sie hat mir ein sehr nettes Päckchen mit

Pulswärmern und fantastischem Weihnachtsgebäck geschickt. Da waren noch gute Zutaten drin. Auch ein Bild lag bei. Gerda schickte sehr guten Weihnachtskuchen und allerlei praktisch Ausgewähltes: Suppenwürfel, Rasierklingen und Traubenzucker. Hab mich sehr darüber gefreut.

Für heute herzlichen Gruß, Euer

Rolf

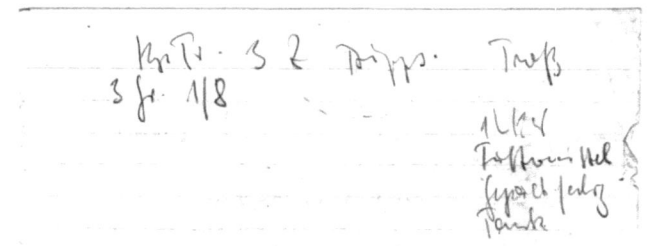

Tagebuchnotizen vom 21.1.42

25.1.42 (23 Uhr)

Liebe Eltern!

Es ist zwar schon recht spät, aber Ihr sollt heute doch noch schnell einen Gruß bekommen, da einmal morgen Post fortgeht, zum anderen ich vielleicht in den nächsten Tagen nicht so viel Zeit zum Schreiben finden werde. Es gibt wieder mal ein bisschen was zu tun für mich, hab ja auch lang genug gefaulenzt hier.

Herzlichen Gruß und gute Nacht. In Gedanken ist bei Euch Euer dankbarer

Rolf

Liebe Eltern!

Nach etwa 100 km Fahrt, bei der ich natürlich jämmer-
lich gefroren habe (-37 °C) kam ich heute Abend in S.
an. Meine Ruhezeit wegen meinem Zeh hat nun aufge-
hört, morgen werde ich mal sehen, was für eine Aufga-
be man für mich hat. Euren lieben, aber sehr kurzen
Brief Nr. 47 mit Gruß von Vati und der Abschrift des
Briefes an Herrn Oberst Westhoven fand ich hier vor.
Leider nicht Nr. 46, den Vati erwähnt und der länger
sein soll. Na, wird noch kommen. Ein Segelkamerad aus
Berlin schickte mir heute ein sehr nettes Buch, das ich
aber wahrscheinlich nach Hause senden werde, weil es
zu kostbar ist.

Der Brief an Oberst Westhoven ist übrigens ganz
in meinem Sinne.

Das Briefpapier ist ausgegangen (bis auf einen
ganz kleinen Rest der guten Sorte von Mutti: nur für
besondere Gelegenheiten). Eure eingehende Post streiche ich immer in Vatis Liste an, die ich nun selbst schon
bis Nr. 47 weitergeführt habe, leider fehlt noch viel
dazwischen. Eine Aussicht, dass wir in absehbarer Zeit
abgelöst werden, besteht in keiner Weise. Wir haben
uns damit abgefunden und Ihr müsst es somit auch.

Für heute will ich schließen, ein Brief von Gretel
Schäfer muss auch noch kurz beantwortet werden. Herzlichst, Euer dankbarer

Rolf

Im Osten, 28.1.

Liebe Eltern!

Heute einen herzlichen Gruß und die Mitteilung, dass ich in Bezug auf meine gestrigen Brief zunächst dort bleibe, wo ich bisher war. Meine Feldpostnummer ändert sich also nicht und bleibt nach wie vor 03886.

Heute soll Post kommen, hoffentlich ist was von Euch dabei!

Herzlich grüßt Euch Euer

Rolf

30.1.42

Liebe Eltern!

Etwas für Mutti (die Seide) und etwas für Vati! Beides nichts besonderes, aber besser als nichts. Sicher ist der Tabak nicht viel schlechter als der, den es zur Zeit in Hersfeld gibt. Ich selbst habe ihn noch gar nicht versucht. Ist alte russische Sorte.

Herzlichst, Euer

Rolf

Im Osten, 4.2.42

Liebe Eltern!

Heute traf mal wieder eine Eurer alten Postsendungen ein, die ich eigentlich schon abgeschrieben hatte. Nr. 25 war es. Herzlichen Dank.

Sonst hat sich nach meinem letzten Brief noch nicht wieder Besonderes ereignet. Von Hagemeier bekam ich zwei herrliche Weihnachtspäckchen. Zum einen ein Buch: Zöberlin - *„Befehl des Gewissens"*. Wenn durchgelesen schicke ich es heim. Ist zu schade zum mitschleppen. In dem anderen hervorragendes Weihnachtsgebäck, Zigaretten, ein Messer, ein Spiel und ein Gedichtband. Alles allerliebst in Weihnachtspapier mit Schleifchen und so zurecht gemacht. Dazu sehr nette Zeilen. Habe mich riesig gefreut. Sie waren noch über meine alte Nummer gekommen.

Für heute herzliche Grüße, Euer

Rolf

4.12.

~~Liebe Eltern!~~

~~Wenn ich Euch seit Tagen nicht schrieb, so liegt es daran, dass ich von morgens bis abends und zum Teil auch nachts zu tun habe.~~

Obige Zeilen schrieb ich aus irgendeinem Grunde am 4.12. nicht weiter. Aber heute ist der 4.2. und ich will Euch, um die Karte noch zu verwenden, einen Gruß senden. Was Neues ist seit meinem letzten Brief nicht zu berichten.

Herzlichst, Euer

Rolf

Ostfront, 5.2.42 (21:30 Uhr)

Liebe Eltern!

Leider seid Ihr die letzten Tage bei meiner Post mit nur zwei Karten etwas knapp weggekommen, da ich mich für mehrere Päckchen (Hagemeier, Frau Kraus) bedanken musste. Aber heut Abend will ich mal wieder ein wenig mit Euch plaudern.

Da gibt es zunächst zu berichten, dass die Feldpost heute Euer Päckchen Nr. 27 brachte. Aus Zeitmangel will ich nicht auf alles eingehen. Ihr wisst ja was drin war. Alles war praktisch (d.h. bei dem Kopfschützer ist das etwas zu viel gesagt) und hat mich sehr gefreut. Besonders die Datteln und Aprikosen! Sind schon alle weggefuttert. Die Zigarren brauche ich zurzeit Gott sei Dank nicht, da ich Glück hatte und bei der Marketenderei eine ganze Kiste Zigarren, prima, erwischt habe. Doch bis Ihr den Brief habt sind sie schon alle. Da schimpft Vati natürlich schon auf den Verschwender. Doch wir sind aus Schaden klug geworden. Mit manchem Aufgesparten amüsiert sich jetzt der Rote[15].

Doch bereut ja nicht Zigarren geschickt zu haben. Sie sind besser als Geld, das hier gar keinen Wert hat. Mit Zigaretten bekommt man Lampendochte, Öl, Petroleum oder mal ein Brot mehr, was meist recht knapp ist (¼ pro Tag).

Gestern ging an Euch ein kleines Päckchen ab mit „Seide" für Mutti und drei Zigarren und drei Zigarillos für Vati.

So wie ich eine Zahlkarte erwische schicke ich wieder 100,- RM nach Hause. Kann ja doch nichts damit anfangen. Ja, ob man überhaupt mit dem vielen Geld mal was anfangen kann? Der Krieg kostet unser Volk doch wahnsinniges Geld - von allem anderen hier

---

[15] Hier bezieht sich Rolf auf seinen Brief vom 12.12.41, in dem er schrieb: *„Mein schöner Schlafsack, drei Decken, Stahlhelm, Gasmaske, Tuchmantel und vieles mehr ist zum Teufel. Na, ist wurscht, wenn man nur heil herauskommt, ..."*, ein Hinweis darauf, dass die Rote Armee an diesem Tag angriff und Rolf die meisten seiner Habseligkeiten bei der überstürzten Flucht zurücklassen musste.

abgesehen - und jeder verdient und verdient. Da steckt doch gar kein Kaufwert mehr dahinter. Jedenfalls ist mein Geist zu klein um das zu kapieren.

Wie sieht es eigentlich auf meinem Konto zur Zeit aus? Mein Gehalt muss infolge meiner Versetzung zum Feldheer wieder gestiegen sein[16]. Und Nachzahlungen bekomme ich doch auch, weil sie es erst so spät kapiert haben?! Aber scheiß der Hund auf das Gelumpe!

Vati würde beim Anblick und Geruch der Zigarre, die ich mir eben gerade ansteckte, sicher blass werden. Schade, dass ich ihm keine anbieten kann! Aber es liegen wohl Tausende von Kilometern zwischen uns.

In dem Päckchen von gestern an Euch liegen übrigens ein paar Postkarten, die ich hier fand. Eine schöne Aufnahme einer Statue von der Moskauer Gartenausstellung. Auch die neuen Bauten sind uns doch gar nicht fremd!? Doch in Briefen kommt ja keine Unterhaltung zustande, zumal eine Beantwortung Monate auf sich warten lässt.

Schrieb ich schon, wie mich Hagemeier mit zwei Päckchen verwöhnt hat? Zöberlins *„Befehl des Gewissens"* lese ich gerade mit viel Interesse. Und ein Päckchen mit fabelhaftem Gebäck, Messer, Gedichtbändchen, Zigaretten und einem Spiel. Alles allerliebst zurecht gepackt.

Aus dem Wehrmachtspapier bastelte ich einen Faltenschirm für das Drahtgestell der Petroleumlampe. Bei der Funkstelle gegenüber schlossen wir (Leutnant Andresen und ich) einen Lautsprecher an, so haben wir auch Musik und Nachrichten. Es geht uns wirklich gut zur Zeit, von den „gemeinen" Bombenangriffen abgesehen. Gestern flog der Dreck von der Decke nur so auf

---

[16] Als Leutnant erhielt Rolf zusätzlich zu seinem normalen Sold noch eine Frontzulage von 72,- RM monatlich.

den Brief an Hagemeier, als unvermutet ein paar Dinger runterklatschten.

Ich bin eigentlich noch immer Reserve, seitdem der Ordonnanzoffizier des Regiments die Geschäfte wieder übernahm. Einen Zug habe ich noch gar nicht geführt, wozu ich doch eigentlich dran gekommen bin. Doch dränge ich mich nicht dazu.

Nun fällt mir nichts Gescheites mehr ein, schade, dass der Brief mit Fotos vom Ammersee immer noch nicht da ist. Da bin ich doch sehr gespannt.

In der Hoffnung bald wieder von Euch zu hören bin ich Euer dankbarer

Rolf

Ostfront, 7.2.42

Liebe Eltern!

Heute ist wieder eine Gelegenheit, einem Kameraden einen Brief mit ins Reich zu geben. Drum soll ein Gruß an Euch mitgehen.

In den letzten Tagen habe ich oft an Euch geschrieben, da ich viel Zeit hatte. Vielleicht komme ich heute Abend noch zu einem längeren Brief, der dann aber mit der Feldpost gehen wird. Mir geht es zur Zeit unberufen gut. Schönes Quartier mit Andresen zusammen, Radio mit dem wir oft Belgrad hören. Wenn Ihr könnt, so holt Euch doch mein Radio, mit dem alten Volksempfänger hört Ihr ja doch nichts mehr.

Ich bitte Euch schon mal um Zusendung von zwei Paar Schulterstücken (Nicht zum einnähen, sondern mit Schlaufe, rosa!). Vielleicht kommt dieser Brief früher an. Heute Abend wollen wir die Suppe kochen, die in Eurem Päckchen Nr. 27 war, wofür ich mich schon bedankte. Hoffentlich besuchen uns die Bomber nicht wieder heute Nacht.

Ich sehne mich mal nach einem langen Brief von Euch!

Für heute recht herzliche Grüße, Euer

Rolf

<u>Vati soll es erst mal lesen!</u>
Ostfront, 8.2.42 (22:50 Uhr)

Meine lieben Eltern!

Zwar ist es schon recht spät, Andresen geht gerade zu Bett, doch ich möchte noch ein wenig mit Euch plaudern. Ich habe noch eine von den guten Zigarren mit Bauchbinde angesteckt, die ich neulich in der Marketenderei erwischte. Damit reiche ich etwa eine Stunde, sonst würde der Brief wohl doch nicht lang werden.

Ich will Euch zunächst ein wenig von meinem netten Quartier erzählen, in dem ich zwar nicht mehr wohnen werde, wenn Ihr diese Zeilen lesen werdet. Wir sind zur Zeit etwa 60 km nördlich von Wiasma, wo Gerhardt Zernikow fiel. Auch vor dieser Stadt haben wir Anfang Oktober schon mal gestanden, als unser unvergesslicher Bataillonskommandeur Hauptmann von Berkefeld sein Leben ließ und mit ihm mancher Kamerad. Dann folgte der begeisternde Vormarsch über St. bis K. und von dort nach mehreren Wochen - inzwischen war ich in Kiew - der Vorstoß auf Moskau, von dem Ihr im Radio sicher oft gehört habt und von dem ich darum nicht mehr berichten will…! Ich machte ihn mit als Ordonnanzoffizier beim Regimentsstab.

Nun bin ich mit Leutnant Andresen seit dem 27.1. hier in S., wo es mir, vielleicht als Ausgleich vom

Schicksal für das Gewesene oder Kommende, recht gut geht. Da ich eigentlich wie Andresen als Reserve gar nichts zu tun habe, haben wir uns unser Heim recht nett eingerichtet. Altes Gerümpel flog raus, die Russin scheuerte den Fußboden, der sogar wieder Farbe zeigte, zwei Feldbetten wurden organisiert und auf meinem liegt sogar wieder mein alter, guter Schlafsack, der eine Zeit lang mal in fremden „Besitz" gekommen war[17].

Für unsere Petroleumlampe habe ich einen Schirm aus Hagemeiers Weihnachtspapier gebastelt und so sitzt es sich abends auf der Ofenbank recht gemüt-lich, wenn der Samowar[18] brummt und ein Grog vom Marketender gebraut wird. Dazu eine Partie Schach oder ein Buch oder was noch besser ist: Post! Bei unse-ren Ansprüchen, die sich im Vergleich zu Frankreich ja gewaltig geändert haben, sieht das doch alles sehr schön aus. Selbst die häufigen Bombenangriffe, die in diesen Holzhäusern schon manches Opfer gekostet haben, würden das kaum ändern.

Aber das wahre Gesicht ist anders. Und ich muss mal den Mut haben es Euch ein wenig zu schreiben, wenn Ihr auch lieber etwas anderes lesen würdet. Ihr hört im Wehrmachtsbericht immer von unseren erfolg-reichen Kämpfen in der Abwehr und in Gegenstößen und den enormen Menschenverlusten des Russen. Dass das stimmt brauche ich Euch nicht zu bestätigen. Aber Vati als Soldat weiß, dass es, wo geschossen wird, auch

---

[17] Hatte der Soldat seinen Namen und seine Einheit auf einem Gegenstand vermerkt, so konnte ihm dieser bei Verlust wieder zugeschickt werden. Dies war besonders in Russland aber eher eine Seltenheit, wo doch jeder ver-suchte, möglichst alles für sich zu behalten, was ihn wärmte. Doch da Rolf ein Offizier war, versprach sich der Absender möglicherweise einen Vorteil vom Zurücksenden des Schlafsacks.

[18] Ein Samowar ist eine ursprünglich russische Teemaschine, ein Wasserko-cher oder Heißwasserbereiter.

wieder geschossen wird und dass da auch getroffen werden kann. Was trösten uns die Berge toter Russen, wenn dafür bei uns auch einer nach dem anderen fällt? Ich weiß, dass es nicht anders sein kann, aber ich glaube Euch das mal schreiben zu müssen, nicht damit Ihr Euch mehr um mich sorgt oder anderen von meinen Zeilen etwa berichtet. Ihr werdet mich schon verstehen.

Was bedeutet es wenn nun auch der letzte der Offiziere des Bataillons gefallen ist, die ich vor Petersburg damals beim Bataillon im Frontdienst antraf? Wenn die SS ein Massengrab für über hundert Leute hier bei der Kirche sprengt? Wenn sich die Gräber am Lazarett mehren und mehren und sich die toten Soldaten stapeln wie Holz, bis wieder mal ein großes Loch gesprengt wird? Es ist furchtbar und doch so alltäglich, dass man völlig abgestumpft es nicht mehr empfindet.

Ihr wisst, dass ich bisher weder einen Zug noch eine Kompanie - bis auf ein paar Tage - geführt habe. Das ist aber die Stelle, auf die ich hingehöre und hinkommen werde, wenn nicht jetzt, so doch im kommenden Frühjahr.

Lang habe ich überlegt, ob ich Euch so etwas mal schreibe, ob ich Euch nicht unnötig beunruhige und Euch Sorgen mache. Aber ich bin immer für das klare sehen. Man soll sich nicht selbst was vormachen. Ich werde die Anschrift dieses Briefes noch mal ändern und an Vater schicken, oder noch besser über Herrn Lendle. Vati soll selbst sehen, ob er ihn Mutti lesen lassen will. Es ist ja schließlich nichts Besonderes, aber Mutti würde es vielleicht zu sehr beunruhigen. Dich, lieber Vater, möchte ich bitten nicht traurig zu sein über meine Zeilen. Was in den Zeilen und dazwischen steht ist ja so selbstverständlich für einen Soldaten, dass ich es vielleicht auch gar nicht hätte schreiben sollen. Wir wollen die Hoffnung an eine bessere Zukunft nie aufgeben, gebe es ein gnädiges Geschick, dass sie in Erfüllung gehen möge. Das eigene Geschick darf aber in diesem Ringen um den Bestand unseres Volkes nicht so weit gehen, dass darob die Pflicht vergessen werden könnte, denn dann könnten wir uns alle begraben lassen.

Dass unser lieber Eber das Leben hat geben müssen, er war doch als Mensch so viel wertvoller und begabter als ich. Seine Stelle war auch nicht so gefährlich, als die, auf der ich stehe oder stehen werde. Ich kann es oft nicht fassen. Doch wie er mir fehlt werde ich einmal später im Leben, so Gott will, fühlen.

Nun lass Dich nochmals bitten, lieber Vati, diese Zeilen nicht schwerer zu nehmen, wie sie sind. Es ist ja nur das ausgesprochen, was Ihr geahnt oder gewusst habt, und was ich glaubte Euch mal ganz offen sagen zu müssen.

Wir wollen beide den Glauben an ein gesundes Wiedersehen und an eine siegreiche Beendigung dieses Krieges nicht aufgeben, wenn es auch manchmal schwer sein wird.

In dankbarer Liebe, Euer

Rolf

10.2.42

Lieber Vati!

Mit einem herzlichen Gruß möchte ich Euch heute zwei Dinge vermelden. Erstens richtete ich mir heute ein Postsparbuch ein, in dem ich 150,- RM an das P.S.A. Wien sandte (von dort bekomme ich dann das Sparbuch hierher geschickt). Hier beim Feldpostamt kann ich dann später immer Geld einzahlen, was den Vorteil hat, dass es einmal keine Unkosten bereitet, zum zweiten ist keine Zahlkarte nötig, die immer sehr knapp sind. Zweitens sandte ich Euch gestern mal wieder ein Päckchen. Von Euch ist mal wieder lange nichts angekommen, was wohl am Feldpostamt liegt.

Herzliche Grüße, Euer

Rolf

11.2.42

Meine lieben Eltern!

Lang habe ich nicht so eine innere Fröhlichkeit gehabt wie heut. Ein kleines dummes Buch ist wohl dran schuld, dass ich heute gelesen habe. Die Seiten habe ich nur so gefressen und als ich es durchgelesen hatte, war die Erkenntnis, dass ich ja in S. tief in Russland sitze und noch dazu im Krieg ganz komisch, ich möchte fast sagen überraschend und etwas ernüchternd.

Hauptmann H. Schneider aus Bad Salzungen ist gestern als Dritter im Bunde in unsere Bude eingezogen, gerade als die Russkis mal wieder kräftig Bomben schmissen und eine unserer wenigen noch heilen Scheiben zu streiken drohte.

Das Russenvolk trampelte eben wieder auf dem Boden rum. Das hat dann immer den Erfolg, dass der ganze Dreck durch die Bretterritzen auf uns fällt. Unsere geringe Freude brachten wir darüber schon des Öfteren zum Ausdruck. Heute knallten wir ganz zünftig mal mit der 08 durch die Decke, was verblüffend wirkte und half. Na, was wir uns wohl umstellen müssen, wenn wir die Heimat mal wieder sehen. Hoffentlich knalle ich dann nicht auch mal kurz durch die Decke, wenn Fräulein Hertze oder Anna das Radio zu laut spielen lässt. Morgen soll Post kommen, hoffentlich mal was für

mich. Mit 150,- RM richtete ich mir heute ein Postsparbuch ein.

Hoffentlich geht's Euch gut, Euer

Rolf

Liebe Eltern!

Heute hatte ich mehr Glück mit der Post, wurde ja auch
allmählich Zeit, da seit dem 5.2. nichts für mich angekommen war, trotzdem wir täglich Post bekamen. Ein
ziemlich neuer Brief von Euch war dabei, ~~Nr. 55~~, eine
Zeitung von Inge Mantel und ein kleines Päckchen von
Wilhelm Lendle, für das ich mich gleich noch bedanken
werde. Sehr nett von dem Wilhelm, nur hätte er ein paar
Zeilen noch dazu schreiben dürfen. Eine Schachtel Zigaretten, ein paar Plätzchen und etwas Kandis-Zucker.
Letzterer sehr begehrenswert, falls Ihr mal welchen
erwischen könnt.

Und, damit ich es nicht vergesse, eine einfache
Zigarrenspitze könnte ich gut gebrauchen.

An Euch ging in letzter Zeit viel Post ab. Aus
meiner kleinen neu angelegten Liste sehe ich alleine im
Februar: ~~Pä. 2.2.~~, Ka. 2.2., Br. Eig. P. ~~am 4.2.~~, ~~Pä. 4.2.~~,
Ka. 4.2., ~~Br. 5.2.~~, Br. 7.2., ~~Br. 8.2.~~, ~~Pä. 9.2.~~, Br. u. Ka.
11.2. und dieser am ~~12.2.~~! Ihr seht also, dass ich recht
fleißig war, hatte ja auch viel Zeit.

Auch im Januar habe ich allerhand an Euch notiert. Leider geht meine Übersicht erst vom 23.1. ab. Da
wäre an Euch unterwegs oder hoffentlich schon angekommen: Br. am 23.1., ~~Br. E. P. 23.1.~~, Br. 24.1., ~~Br.~~
~~25.1.~~, ~~Br. E. P. 28.1.~~, ~~Ka. 28.1.~~, ~~Pä. 28.1.~~! Hoffentlich
habt Ihr mir auch so oft geschrieben. Vati bitte ich mir

doch wie damals mal wieder eine Postübersicht der abgesandten Dinge zu senden. Die letzte reichte bis „31" und wurde dann noch mal bis „35" erweitert.

Heute ist schon Nr. 55 angekommen, so weiß ich also nicht was zwischendurch unterwegs ist. Ab Nr. 30 kam bisher an: Nr. ~~30~~, ~~31~~, ~~32~~, ~~33~~, ~~35~~, ~~39~~, ~~47~~, ~~49~~ und heute ~~55~~. Das sind leider mal große Lücken dazwischen. Was zwischen 1 und 30 ankam schrieb ich schon, doch will ich ruhig noch mal wiederholen, es <u>fehlt</u> noch: Nr. 1-5 (wohl verschütt gegangen, leider die eigene Post Nr. 3 dabei. Von wann war sie?), 7, 10, ~~13~~, 17-19, 26, 29. So, darüber das leidige Postthema.

So, und nun zu Eurer Epistel Nr. 55, die leider, da sie selbst nur kurz, nur kurz beantwortet werden kann.

1.) Es ist sehr bedauerlich, dass ich zu dem Gebiet gehöre in dem keine Feldpostpäckchen angenommen werden. Hier ist wohl Munition wichtiger. Wird aber mal wieder anders werden.

2.) Ich freue mich sehr, dass nun laufend „*Das Reich*" und eine Illustrierte kommen soll.

3.) Wo ich ungefähr stecke werdet Ihr wohl aus meinen letzten Briefen und aus dem letzten Tagebuchabschnitt, den ein Inspektor vor einer Woche mit ins Reich nahm, ersehen haben.

4.) Das nette Foto, dass Ihr mir mit schicktet, zeigt Leutnant Huchwalter von 616 (Stab Druschke) und mich nach meiner Rückkehr von Kiew in Smolensk vor dem Zimmer von 616. Söllner in Frankfurt hat wohl den Film entwickelt und Fotos an Euch und mich geschickt, wie ich ihn, wenn ich mich recht erinnere, bat. Dabei müssen doch auch Aufnahmen von Ebers Grab gewesen sein. Ihr schreibt gar nichts davon!? Also Major Eckinger ist es leider nicht.

5.) Es ist gut, dass Vati manches in Briefen wiederholt, wie er schreibt. Ich merke es gar nicht, weil so viel verloren geht.

Von Karl-August habe ich bisher im Osten noch nichts gehört, schrieb daher auch noch nicht an ihn. Auch Hilde hat mir auf meinen langen Brief aus Stalinin noch nicht geantwortet, auch zu Weihnachten hörte ich nichts von ihr, was mich eigentlich sehr wundert. Ich kann mir gar nicht denken, dass sie etwa an meinem Brief irgendwie Anstoß genommen hätte.

Nun wären noch ein paar Wünsche von meinem Notizzettel in diesen Brief zu übertragen, die eigentlich zum Teil laufend gelten.

1.) Eine kleine Tube Klebstoff
2.) Von Zeit zu Zeit ein paar Briefumschläge
3.) Füllhaltertinte gut verpackt und Glas ¾ voll (Frost)
4.) Ein Tagebuch (einfach!)

Wenn Vati möglich bitte ich ihn mal eine Kiste Mosel- und Rheinwein zu kaufen (von meinem Geld), ist ja gut angelegt, vielleicht kann man ihn mal brauchen.

Recht herzlich grüßt Euch Euer dankbarer

Rolf

Ostfront, 16.2.42

Liebe Eltern!

Heute soll mal wieder ein Gruß an Euch gehen. Neues gibt es nicht zu berichten. Heute brachte die Post einen Brief von Hilde (vom 1.12.) und Eure „*Illustrierte Zeitung*" (Nr. 53). Vielen Dank dafür. Ihr fragtet neulich, ob auf dem mitgesandten Foto Major Dr. Eckinger mit drauf sei. Das war - wie ich schon ausführlich schrieb -

Leutnant Huchwalter vom 616. Heute fand ich im „*Illustrierten Beobachter*" eine Aufnahme von Major Eckinger, die ich mir aufheben will. Ich lege sie Euch mit bei.

Heute ist herrliches Winterwetter draußen. Die Sonne ist schon so warm, dass es vom Dach etwas tröpfelt. Aber nachts ist es erheblich kalt. Leider richtiges Fliegerwetter; werden die Russen auch sagen, denn vorhin zogen vierzehn Stukas[19] nach drüben. Dr. Klein war vor acht Tagen auch hier in S., wie ich eben erfuhr. Wir haben uns aber leider nicht getroffen. Er soll Divisionsarzt irgendwo weiter im Süden geworden sein, wie ich hörte.

Heute Mittag kam noch mal Post an Feldpostamt an, hoffentlich war was von Euch dabei.

Herzlichst, Euer

Rolf

Ostfront, 18.2.

Liebe Eltern!

Mit einem herzlichen Gruß vielen Dank für Eure Post, die heute ankam (Nr. 48, 38, 37 und am 16.2. Nr. 53). Hilde schickte Briefe und Päckchen, wofür ich eben ausführlich dankte. An Euch sandte ich heute zwei Bücher ab, die ich gelesen habe (Zöberlein und ein Büchlein von Gerda). Ebenfalls ein Brief „E.P."[20]. Schreib

---

[19] Sturzkampfflugzeuge mit der bekannten Fahrtwindsirene (auch „Jericho-Trompete" genannt), die im Sturzflug einen schrillen, kreischenden Ton erzeugte, der eine immense psychologische Wirkung auf die gegnerischen Soldaten am Boden ausübte.

[20] E.P. heißt hier „Erledigte Post"

mir doch mal meine Kontonummer, damit ich dahin überweisen kann. Leider kam heut Leutnant Andresen fort, so dass ich alleine bin. Mutti vielen Dank für ihre Zeilen!

Herzlichst, Euer

Rolf

Ostfront, 19.2.

Liebe Eltern!

Leider komme ich auch heute - wie gestern - nur zu einem kurzen Kartengruß an Euch, da ich Besuch habe von einem alten KF9er[21]. Die Post brachte heute von Euch Nr. 58 (*Reich*) und 54. Auf den Brief werde ich noch eingehen. Außerdem kam ein Päckchen von Gretel Schfer und die Fotos von Söllner an, sowie ein Brief von Dr. Schlosser. Für Eure Sendungen herzlichen Dank!

Herzliche Grüße, Euer

Rolf

Ostfront, 20.2.42 (21:15 Uhr)

Liebe Eltern!

Heute Abend geht mal wieder alles ein wenig durcheinander, da eben der Befehl zum Quartierwechsel gekommen ist. Das ist nun mal so beim Kommiss, zur Ruhe kommen wir nie. Wir ziehen ein wenig weiter nach Norden. Schnell darum noch ein Gruß, da ich si-

---

[21] Gemeint ist ein Mitglied der „Kraftfahr-Abteilung 9" aus Bad Hersburg.

cher die nächsten Tage nicht so viel zum Schreiben komme wie die Tage hier in S.

Zum Glück waren wir heute noch hier, so das mich die Feldpost erreichte. Acht Sendungen hatte ich dabei. Von Euch war das Päckchen, dass Ihr dem Feldwebel Brücker mitgegeben habt dabei. Vielen Dank für Schal, Karten, Thermosflasche, Strümpfe, Zigaretten und das andere. Kam alles gut und heil an!

Ich genehmige mir eben mal eine gute Zigarre und einen Tee, der sogar mit Euren Zuckersteinen gesüßt werden kann.

2 Uhr

Habe noch bis eben gepackt und mich mit Leutnant Wachsmann unterhalten, alter Bekannter aus dem Kurhotel, zufällig getroffen.

Bleibe morgen noch hier mit einem Sonderauftrag, wenn Zeit morgen noch ein paar Zeilen. Heute kam Brief Nr. 40 und (wie schon erwähnt) Päckchen Nr. 41.

Will noch ein wenig schlafen, gute Nacht

Rolf

Ostfront, 21.2.

Liebe Eltern!

Von einer Art Geburtstags-Vorfeier, die zugleich Abschiedsabend aus meinem netten Quartier in S. ist, sende ich Dir zusammen mit Leutnant Wachsmann, einem neuen, und doch schon alten Bekannten aus dem Kurhotel, herzliche Grüße! Euer dankbarer

Rolf

———

Ostfront, 22.2.

Meine lieben Eltern!

Gestern verlebte ich einen ganz herrlichen Abend mit Leutnant Wachsmann zusammen. Er ist im gleichen Regiment, kam mit einem Armschuss von vorne zurück und wir lernten uns hier kennen. Ich lud ihn in mein nettes Quartier ein - Leutnant Andresen ist seit einigen Tagen fort zu seiner Kompanie - und da entdeckten wir dann ganz nebenbei, dass wir schon alte Bekannte aus dem Hersfelder Kurhotel sind. Dort hatte uns Gretel Schäfer mal miteinander bekannt gemacht.

So feiern wir dies Wiedersehen hier in Russland. Weiter feierten wir Abschied aus unserem netten Quartier, denn der ganze Regimentsstab verlegt heute, da hier eine höhere Dienststelle rein will. Ich bin deswegen noch hier, weil ich mir leider bei dem feiern gestern den Magen etwas verdarb. Heute früh nahm ich Opium und Kohle, ist schon erheblich besser, daher werde ich morgen den anderen nachfahren.

Einen hervorragenden 50 % Himbeergeist brachte Wachsmann mit und Zigarren, ich bot Tee, Zucker und Gebäck an. Dazu mein gemütliches Heim mit weißer Tischdecke und der warmen Lampe mit dem schönen selbstgebastelten Fallschirm aus Weihnachtspapier. Leider ist der Zylinder mehrfach gesprungen, so dass ich die Lampe nicht weiter transportieren kann, sehr schade. Eine Lampe ist hier ein großes Problem.

Gestern gab ich mehrere Päckchen mit gelesenen Büchern zur Post an Euch, die mir doch nur noch Ballast zur Zeit sind. Man muss sich mit dem Gepäck sehr einschränken.

Heute werde ich noch etwas eigene Post heimsenden, um sie nicht mitschleppen zu müssen. Dabei sind auch eine Reihe Briefe von Euch, die meist schon beantwortet sind. Ich will sie nur aufzählen, es sind:

1.) Nr. 54 vom 7.1., eingegangen am 19.2.

Der Brief von Dr. Klein und mir ist nun wohl bei Euch angekommen. Beinahe hätte ich Dr. Klein hier noch mal getroffen in S., Er war gerade eine Woche fort. Leider fehlt von der alten Post noch manches, auch von den Päckchen, aber es besteht die Möglichkeit, dass immer noch etwas ankommt. Das Schachspiel-Päckchen ist auch noch nicht da.

Meine Feldpostnummer war zuerst 03105, später 03886 (wie heute noch), 03142 hatte ich mal als ich die erste Kompanie führte, die Nummer habe ich aber wohl nur einmal angegeben, dummerweise, hätte es bei der alten bleiben lassen sollen. Ich schrieb sie aber, glaube ich, nur einmal an Euch. Ein Wechsel, wie Vati schreibt wie: „*03105, (03142), 03105, 03886, 03105, 03886*" hat es nicht gegeben; da habt Ihr die Eingänge, aber nicht die Abgangsdaten der Briefe beachtet. Die Post über 03105 findet mich auch. Neu ist mir in dem Brief (Nr. 54 noch), dass nun auch die 170,- RM über Hamburg angekommen sind.

Die Abschriften der Briefe an Oberst Gutzeit und Oberst Westhoven habe ich bekommen. Sie sind genau in meinem Sinne (Druschke fehlt noch).

In Weimar ist der E-Truppenteil unseres Regiments (SR1[22]), da wäre es gut möglich, dass Walter Kehr zu uns kommt. Ich werde mal aufpassen.

Päckchen von Hilde, Gerda, Wilhelm Lendle und Renate Broszinski kamen an, wie schon früher erwähnt.

Hilde sandte eine sehr gute Aufnahme von Eber in einem ihrer Päckchen mit.

---

[22] Schützen-Regiment 1

<u>2.) Nr. 48 vom 29.12.41 eingegangen am 18.2.</u>

Ihr habt anscheinend Ende Dezember die grimmige Kälte gehabt, die wir Anfang Dezember hier hatten. Schlafsack und Decken sind wieder da, wie ich schon schrieb. Karl-August sollte man lieber nicht so viel nach mir fragen und dafür mir mal schreiben! Besorgt mir doch mal ein Merkblatt über „*Eisernes Sparen*".

<u>3.) Nr. 57</u>

Es ist schon ganz gut möglich, dass am 5.1. und in der Zeit für meine Gegend die Päckchensperre war. Da ist wohl anderes wichtiger zur Beförderung und hauptsächlich soll die Post erst mal das anbringen, was noch alles unterwegs rumliegt!

Ich schrieb zweimal, dass ich gar nicht in Urlaub fahren wollte, vor Monaten, aber ich würde wohl auch gar nicht in die Lage dazu kommen zur Zeit. Sonst tät ich's gerne. Ihr erwähnt in Nr. 57 die Nachrichten, na, seitdem ist es ja wieder besser geworden. Allein die herrlichen Nachrichten von den Japanern, einfach großartig[23]!

<u>4.) Nr. 41 vom 8.12., eingegangen am 20.2.</u>

Für das Päckchen dankte ich schon ausführlich. Ihr konntet nicht wissen, dass ich inzwischen schon ein Kartenspiel erwischte, so dass ich das eine wieder mit zurücksende. Wieso heißt Hilde, wie Mutti schreibt, Frau Hagen-Schaub? Ich habe ihr natürlich neulich prompt Fräulein Hilde Schaub-Hagen geschrieben (da Hilde als Absender „H. Schaub-Hagen" schrieb!). Dann kann ich demnach schreiben „I. H. Frau Dr. Hagen-Schaub", irgendwie komisch (Dies gelesen klingt viel-

---

[23] Im Februar 1942 hatte Japan die malaiische Halbinsel und Singapur besetzt, sowie die Hafenstadt Darwin in Australien bombardiert. Dieser Bombenangriff gilt noch heute als das australische *Pearl Harbor*, wobei Japan mit 242 Kampfflugzeugen sowohl Kriegs-, als auch Lazarettschiffe angriff.

leicht komisch, gesprochen wäre besser). Mutti schreibt: „Du sollst immer eine ältere Schwester an ihr haben".

Das ist ja alles gut und schön, dass ich Hilde wirklich sehr gerne habe und dass ich mich gut mit ihr verstehe wisst Ihr ja, aber plötzlich mit nun fast 23 Jahren eine Schwester zu bekommen ist ja auch nicht ganz einfach. Es sind doch keine gemeinsam verlebten Jahre da wie bei Geschwistern, nur ganz oberflächlich gesehen.

Mutti kennt den Krieg nicht wie er draußen ist, kann sie auch nicht, in den Wochenschauen steht nur Propaganda, die einem Zweck dienen soll. Ist ja auch ganz natürlich so. Aber ihre Flüche auf den Arzt - wie schon so oft in Briefen - höre ich nicht gern. Ihr könnt Recht haben, aber genauso könnt Ihr ihm Unrecht tun. Doch darüber müssen wir später mal sprechen. Diese Erkenntnis habe ich auch erst in letzter Zeit gefunden.

5.) Nr. 40 vom 6.12., eingegangen 20.12.

Am 6.12. habt Ihr nun endlich erfahren, dass ich heil zurück von Kiew sei. Was danach noch alles folgte erseht Ihr zum Teil aus meinem Tagebuch (streng privat!), das Inspektor Krebs mit ins Reich nahm und per Einschreiben schicken wollte (an Euch).

Daraufhin schreibt Ihr von Großvaters Energie, die ich geerbt hätte. Ich wünschte Ihr hättet recht, viel zu wenig davon habe ich geerbt. Den Brief hatte ich in unseren schwersten Tagen geschrieben. So, das wär's.

Ich mache heute großen Hungertag um meinen Magen auszukurieren. In den letzten Wochen habe ich direkt zugenommen, ich glaube Ihr wärt erstaunt zu sehen wie gut und dick ich aussehe. Seit Hannover habe ich sicher zugenommen.

Die beiden Feldquittungen sind wohl überholt!? Nachher gehe ich noch mal zum Feldpostamt, letzte Gelegenheit, und heute Abend früh zu Bett. Oder vielleicht eine Partie Schach mit Leutnant Wachsmann, wenn er kommt. Ich staune selbst: neun Seiten! Aber ein ziemliches Durcheinander.

Herzlichst, Euer dankbarer

Rolf

Liebe Eltern!

Heute Abend habe ich mit Tagebuch mal wieder begonnen. Das Buch, das Ihr mir im Päckchen Nr. 41 mitgeschickt hat, verwende ich dazu. Eine Postübersicht habe ich auf den letzten Seiten eingerichtet, die bisherigen Merkzettel schicke ich demnächst mal mit. Sie sind von den Post-Glanzzeiten Ende Januar und Februar. Von den Zeiten vorher lohnt sich keine Übersicht. Mein Magen ist soweit wieder in Ordnung, dass ich schon heute vorfahren wollte, fand aber keine Fahrgelegenheit. Morgen klappt es aber bestimmt. Bitte schreibt mir, wenn meine Tagebuchblätter (bis etwa Ende Januar oder Anfang Februar) angekommen sind. Ich gab sie unserem Inspektor mit, der wollte sie per Einschreiben in Deutschland aufgeben.

Will jetzt noch ein wenig in meinem Tagebuch berichten und früh schlafen gehen. Herzliche Grüße an Mutti und Vati, Euer

Rolf

N.S.: Grüße an Gerda, Hilde und Karl-August, die „Vielbeschäftigten".

Liebe Eltern!

Als ich heute beim Regimentsstab eintraf, fand ich dort drei Zeitungen von Euch vor, wofür ich herzlich Danke sage! Paschen schickte eine prima Kiste Zigarren (falls an Euch die Rechnung ging, bitte ich Sie zu begleichen) und Inge Mantel ein sehr liebes Weihnachtspäckchen, so dass ich etwas für meinen Geburtstag habe. Ich bleibe vorerst weiter hier beim Regimentsstab wie bisher. Unser neuer Kommandeur ist eingetroffen. Wenn Zeit, hört Ihr mehr von mir.

Herzlichst, Euer

Rolf

Ostfront, 26.2.42 (18:50 Uhr)

Liebe Eltern!

Diese Karte schreibe ich auf dem Marsch bei einer Ortskommandantur. Ich bin noch immer an meinem alten Platz, bzw. Dienststelle. Morgen an meinem Geburtstag hoffe ich einen ruhigen Tag zu haben, dann werden wir aber wieder zu tun bekommen. Ruhe gibt's halt keine, damit haben wir uns allmählich abgefunden. Von Inge Mantel bekam ich ein sehr nettes Weihnachtspaket, einiges davon sandte ich heute wieder nach Hause, da ich es nicht mitschleppen kann (ein Buch), hoffentlich kommt es gut bei Euch an. Im Februar bis etwa zum 24.2. ging fast täglich Post an Euch ab.

Herzliche Grüße, Euer

Rolf

Liebe Eltern!

Es scheint eine günstige Postverbindung zu sein zur Zeit, drum schnell einen Gruß an Euch. Mein gestriger Geburtstag war kriegsmäßig bescheiden, doch schönes Wetter, auch was wert. Vielleicht hört Ihr heute noch mehr von mir.

   Herzlichst, Euer

Rolf

28.2. (14:30 Uhr)

Meine lieben Eltern!

Euer nunmehr 23-jähriger sendet Euch schnell ein paar Grüße und meldet, dass es ihm gut geht. Viel zu tun habe ich zur Zeit. Verpflegung unserer Kampfgruppe, macht mir viel Spaß, da es zur Zeit recht ordentlich klappt. Heute fahre ich noch mal nach Olmin rüber, kleines Nest und für Euch doch nichtssagend, da Ihr es auf keiner Karte finden werdet.

   Das Wetter wird allmählich besser hier. Tagsüber hat die Sonne schon ziemlich Kraft. Nachts ist es noch recht kalt. Doch sind die Tage schon erheblich länger geworden. Einen Mordsdampf habe ich nur vor dem zu erwartenden Tauwetter. Gesundheitlich geht es mir ausgezeichnet, wie Ihr ja auch auf den in Smolensk gemachten Fotos seht. Auf einem Zettel stehen noch ein paar Fragen:

1.) Hansa Wetteratlas schicken!
2.) Merkblatt über eisernes Sparen.
3.) Meine Kontonummer, damit ich überweisen kann.

4.) Kiste Zigarren erhalten von Paschen; falls Rechnung kommt, bitte begleichen!

5.) In München bestellte ich elf Büchlein á 0,80 RM. Falls Rechnung kommt, begleichen, wenn ich Erhalt bestätigt habe.

6.) Buch von Zöberlin schicke ich nach Hause.

So, nun mal herzliche Grüße, Euer

Rolf

Ostfront, 4.3.42 (15 Uhr)

Liebe Eltern!

Ich bin mal wieder bei dem netten Ortskommandanten Herrn Hauptmann Ley in O. Habe hier etliches für unsere Kampftruppe zu besorgen. Die Gelegenheit will ich wahrnehmen und Euch schnell einen lieben Gruß senden.

Viel Neues kann ich Euch nicht berichten. Seit wir von Smolensk fort sind klappt die Post leider nicht mehr so gut. Seit 24.2. erhielt ich nichts mehr von Euch, eine Zeitung (Illustrierte) und „*Das Reich*" vom 1.12. trafen ein. Euren letzten Brief erhielt ich am 20.2. Es war Nr. 40. Hoffentlich kommt die Post nun bald nach, sie ist doch immer das Schönste, was es für uns hier geben kann.

Es will mir heute gar nichts rechtes einfallen, was ich Euch schreiben könnte, zu viel geht mir im Kopf rum. Mich wundert's, dass ich noch immer beim Stab Verwendung finde. Hoffentlich habt Ihr meine vielen, zum Teil recht langen Briefe aus Smolensk erhalten. Dort hatte man prima Ruhe zum Schreiben. Manchem kleinen Wunsch habe ich Euch damals auch mitgeteilt. Weil dies der erste Brief im Monat März ist, will ich heute beginnen meine Post an Euch zu nummerieren; weiß aber nicht, wie lange das fortgeht und durchführbar ist. Wollen's halt mal versuchen. Die Frage, wann wir mal abgelöst werden stellen wir schon gar nicht mehr, hat doch keinen Zweck.

Wie geht es Karl-August, Gerda und Hilde? Eigentlich eine blöde Frage, denn bis Ihr den Brief in Händen habt, hoffe ich längst wieder Nachricht von Euch zu haben.

Herzliche Grüße, Euer dankbarer

Rolf

7.3.42

Liebe Eltern!

Es ist ja noch nicht Frühling und leider auch noch wenig wärmer, aber der Winter muss ja doch bald aufhören. Darum sende ich etliche entbehrliche Wintersachen heim, da grad heute eine gute Gelegenheit dazu ist und sowas ist selten.

Besonders hoffe ich auf diese Art das Pelzmantelfutter heim zu bekommen. Ich habe es mal rechtmäßig gegen Tausch von einem Russen in Stalinin erworben und es tat mir gute Dienste als Mantelfutter. War nur ein bisschen schwer. Wenn ich diesen Saukrieg hier in Russland überstehen sollte, soll es später mal im Winter ein Futter für meinen Ledermantel werden. Auch der Pullover, den Christa mir mal zu Weihnachten schenkte, sende ich mit, da ich noch einen dünnen hier habe und damit auskommen werde.

Man muss ja sein Gepäck so klein wie möglich halten. Ein genaues Verzeichnis liegt bei, alle rot angekreuzten Dinge stehen zur Verfügung. Meine Leutnantskiste, die schon seit Oktober in Witebsk zurückgelassen stand, soll auch zu Hause eintreffen. Ich beauftrage einen Feldwebel sie zur Bahn zu geben. Hoffentlich kommt sie gut an.

Näheres in der Briefpost, die wohl schnell ankommen wird.

Herzlichst, Euer

Roll

Inventarliste vom 7.3.42

8.3.42

Liebe Eltern!

Ich habe veranlasst, dass meine Leutnantskiste und ein Koffer - beides stand schon lange in W. - bei Gelegenheit nach Hause gesandt wird. Hoffentlich kommt's gut an. Mir geht's noch gut, sonst gibt's nichts Neues zu berichten.

Herzlichst, Euer

Rolf

Ostfront, 12.3.42 (14 Uhr)

Meine lieben Eltern!

Vorhin schrieb ich Euch schon ein paar kurze Zeilen (beiliegend). Aber ich will mir, trotz aller Arbeit, die ich jetzt bei unserer Kampfgruppe habe, doch noch schnell ein bisschen Zeit für Euch nehmen und die eben eingegangene Post beantworten.

Dem Brief an Euch lege ich einen Umschlag für die Markensammlung und die Postübersicht mit bei, in der die gestrichenen Sendungen eingetroffen sind. Die noch nicht angekommenen Nummern habe ich besonders notiert, um die Übersicht nicht zu verlieren. Ihr seht, dass noch manches fehlt.

Zunächst zu Eurer Post: Nr. 71 traf vorgestern mit einem lieben Neujahrsgruß von Marguerite ein, hab mich sehr darüber gefreut. Die Post zu Euch scheint genauso langsam und unbeständig zu arbeiten wie zu uns hier. Eine große Sauerei ist das! Nr. 70 (Illustrierte) traf auch vorgestern ein.

Heute Mittag kam wieder Post an. Ein Päckchen sandte Charlotte Moritzberger, die alte hannoversche

Bekannte aus Rostock. Vorgestern kam auch ein Päckchen von der kleinen Anneliese Bielstein aus Hannover, von der ich Euch wohl erzählt habe. Von Euch war auch was dabei:

Nr. 44

Euer Weihnachtswunsch ist ja in Erfüllung gegangen, wie ich aus Nr. 46 ersehe, da Ihr am 23.12. Post erhalten habt. Das freut mich sehr! Das Päckchen, das Ihr dem Feldwebel Brücker mitgabt, erhielt ich auf dem Dienstweg, aber leider nicht die zwei Briefe aus Belgien. Warum habt Ihr sie nicht mit in das Päckchen gepackt? Aus Weiskirchen bekam ich auch sehr liebe Post, ja, Ihr habt Recht, der Werner Rottenbach hat verdammt Schwein, aber mit dem Schicksal muss man sich abfinden.

Nr. 46

Vatis liebe Zeilen vom ersten Weihnachtstag. Die so viel vermissten 170,- RM über Hamburg sind ja nun endgültig eingetroffen. Schön, dass es gerade zu Weihnachten war, so lag doch etwas von mir mit auf Euren Gabentisch. Mein Schlafsack ist wieder da! Eure Vermutung trifft nicht zu, mit Bomben usw.! Wir mussten doch so ein bisschen türmen gehen und da flog so manches in die Luft. Mein Schlafsack eigentlich auch, aber im eigentlich letzten Moment hat noch einer unserer Landser ihn mitgeschleppt, was ich selbst erst Wochen später erfuhr. Zur Zeit schlafe ich wieder darin. Leider habe ich die Fotos vom Ammersee noch nicht erhalten. Illustrierte und Zeitungen kommen jetzt fast mit jeder Post an, aus allen Ecken. Von Euch, von Inge Mantel, von Benders, von Hagemeier, usw.! Sehr erfreulich! Herzlichen Dank für die Grüße von Gerhard Stichling, ich las von ihm im Heimatblättchen.

Nr. 59

…und noch einen „Berliner" ohne Nummer.

83

Nr. 60

…mit Gruß und zwei Schachteln Zigaretten, vielen Dank!

„*Das Reich*"

…vom 1.2. (Ohne Nummer)

Nr. 61

…vom 20.1. Vielen Dank für Muttis liebe Zeilen. Päckchen von Tante Mi, Renate und Wilhelm Lendle kamen an. Das von Helene Ochs lässt noch auf sich warten. Aber es fehlen noch viele Weihnachtspäckchen, auch bei meinen Kameraden.

Mutti schreibt in Bezug auf Ebert: „Gott möge sie alle dafür strafen…"! Ich verstehe das, aber es gefällt mir nicht! Das muss ich doch endlich mal schreiben, da ich in Muttis Briefen schon mehrfach desgleichen fand. Die Begründung dafür würde in diesem Brief zu viel verlangen, hoffentlich können wir bald darüber sprechen. Ich glaube, auch Eber würde das nicht gerne hören. Ihr könnt Euch ja keine Verhältnisse hier vorstellen!

1.) Ich habe veranlasst, dass meine Kiste aus Witebsk nach Hause gesandt wird.

2.) Desgleichen ist mein Koffer unterwegs. Beides kann aber noch sehr lange auf sich warten lassen.

3.) Beim „Deutsche Schriften-Verlag" bestellte ich heute zwei Bücher (*Eissport* und *Segelflug*). Die Rechnung ließ ich an Vati senden, bitte begleichen.

4.) Heute schicke ich an Vati 150,- RM zur Einzahlung auf mein Konto.

5.) Wie ist das mit einem eisernen Sparkonto? Ich fragte schon mal an.

Ich habe noch viel zu tun und muss daher für heute schließen. Herzlichst, Euer

Rolf

N.S.: Liebe Eltern! Vorgestern kam nach langer Zeit mal wieder Post an, die letzte hatte ich am 24.2. erhalten. Euch danke ich für Zeitung Nr. 70 und Brief Nr. 71 mit Post von Marguerite, über die ich mich besonders freute. Eben in diesem Moment kommt Oberzahlmeister Wohlfahrt, der trägt Post mit! Will gleich mal sehen, was dabei ist. Von Euch war auch was da. Nr. 44, 46 und 60. Recht herzlich danke ich Euch dafür. Ich werde dann noch eingehen auf Eure Sendungen, weiß aber nicht, ob ich heute noch dazu komme. Vorerst nur diesen herzlichen Gruß. Der Brief soll von einem Kameraden mit nach Warschau genommen werden. Herzlichst, Euer Rolf

13.3.42 (13:30 Uhr)

Liebe Eltern!

Meinem gestrigen Brief vergaß ich die Zeilen von Marguerite beizulegen. Sie folgen heute mit herzlichen Grüßen. Bitte den Brief weitersenden. Meine gestrigen langen Zeilen hatten die Nr. 4, hatte die Nummer vergessen. Ich glaube, die Nummeriererei meinerseits hat nicht viel Sinn, da ich es doch nicht ständig durchführen kann.

Heute weht und schneit es wieder so, dass wir völlig eingeschneit sind. Kaum zu Fuß kann man in den nächsten Ort kommen, wo ich ab und zu telefonieren muss. Da heißt es wieder schaufeln, aber erst muss der Sturm nachlassen, sonst hat es keinen Wert.

Sonst gibt's nichts Neues hier. Herzlichst, Euer

Rolf

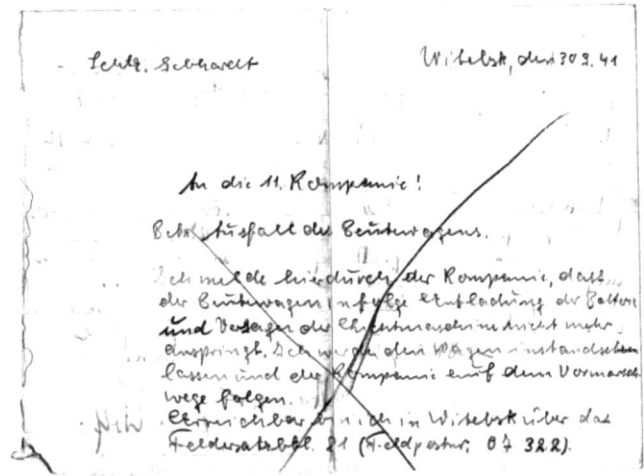

Rückseite des Briefes vom 13.3.42 (Betr. Ausfall des Beutewagens)

14.3.42

Liebe Eltern!

Die letzten Tage und auch momentan noch toben so furchtbare Schneestürme, dass alle Straßen zu sind. Daher ist mein Kamerad, der nach Warschau fahren soll und dem ich schon Post für Euch mit gab, noch hier. Drum kann er die Päckchen noch mitnehmen. Ein Buch, das mir Charlotte zu Weihnachten schickte ist drin. Da gelesen, unnötiger Ballast.

Vati möchte ich bitten mir mal irgendeine französische Zeitschrift (leicht verständlich!) zu abonnieren, damit ich nicht alles vergesse. Marguerites Brief kann ich kaum noch entziffern. Sonst geht's mir gut.

Herzlichst, Euer

Rolf

Liebe Eltern!

Ein Kamerad fährt nach Deutschland. Ich gebe ihm herzliche Grüße an Euch mit, da ich hoffe, dass sie so schneller ankommen. Mehrere Briefe an Euch sind unterwegs. Sonst geht's mir noch gut.
Herzlichst, Euer

Rolf

Ostfront, 18.3.42

Meine lieben Eltern!

Es war heute ein herrlicher Wintertag. Auf Skiern war ich unten bei unserer Schlittenstaffel, die in einem einzelnen Haus unten im Tal liegt. Ich führe zur Zeit unsere zweite Staffel, habe dabei verhältnismäßig wenig zu tun und höre nun schon seit Wochen die Schießerei von Ferne, wenn auch manchmal nicht allzu fern. Unser Quartier ist prima.

Zeichnung äußerst dürftig. Aber mit einigen Worten lässt sich es nun eben besser verstehen. Das kleine Nest, vier Wohnhäuser, liegt weit um eine schöne große Steinkirche auf einer Höhe. Die Kirche ist nicht gerade noch in gutem Zustand, Inneneinrichtung nicht mehr vorhanden, Fußboden aufgerissen, Fenster raus, Dach kaputt; nur ein paar Spuren von Wandgemälden sind aus besseren Zeiten übrig geblieben.

Im ehemaligen Pfarrhaus wohne ich mit unserem Oberzahlmeister zusammen und den Burschen. Das „Pfarrhaus" ist selbstverständlich genauso wie alle anderen Buden verwanzt. Dann haben wir noch vier Häuser und zwei Ställe, alles was hier ist. Heute Mittag saß ich in meinem Sessel, der aus einem alten PKW-Sitz gebaut worden ist draußen an der Hauswand in der Sonne und las. Es scheint doch bald Frühling zu werden. Die letzten Tage hat es wahnsinnig gestürmt. Meterhohe Schneewehen versperrten die „Straßen" und Wege. Selbst hier oben liegt der Schnee stellenweise hinter Häusern im Windschatten mehrere Meter hoch.

Heute ließ ich rings um die Unterkunft Schneestellungen bauen, die wir hoffentlich nicht brauchen, aber besser ist besser.

Leutnant Bauer fuhr heute ins Reich zur Kur in den Schwarzwald, da er mit den Nerven völlig am Ende ist. Einen Kartengruß gab ich schnell an Euch mit. Ein unvorstellbares Gefühl muss das sein so Richtung Heimat loszufahren! Morgen denke ich, dass Post geholt wird, dann trifft sie vielleicht übermorgen ein, eine ganz besondere Freude.

Mir selbst geht es gesundheitlich ausgezeichnet, in letzter Zeit habe ich wieder etwas zugenommen, bin jedenfalls dicker geworden, als ich in Hannover war, trotz allem!

Meine Korrespondenz vergrößert sich nach und nach immer mehr, nur von Karl-August habe ich noch nie etwas gehört. Leider trifft die Post sehr unregelmäßig ein, manchmal wochenlang überhaupt nicht und dann gleich ein ganzer Stoß. Briefe von Anfang Februar oder Mitte Februar sind zur Zeit die neuesten, aber es kommen auch noch erheblich ältere. Eure Post wird immer in der Liste durchgestrichen und auch im Tagebuch notiert.

Heute habe ich wieder zwei Russen hier umlegen lassen, weil sie ohne Ausweise im Gelände rumliefen. In diesem tückischen Land ist man ja vor nichts sicher.

Spionage noch und noch. Partisanen, Versprengte, usw.! Dazu die wenigen Straßen, die Riesenwälder und -entfernungen. Kann man sich zu Hause ja gar nicht vorstellen.

Nun will ich noch ein bisschen lesen. Herzliche Grüße für heute, Euer

Rolf

Zeichnung vom 18.3.42

Ostfront, 19.3.42

Liebe Eltern!

Wieder mal eine Gelegenheit, Euch auf schnellem Wege einen Gruß zu senden. Also mir geht's nach wie vor gut. Viele Briefe sind unterwegs und melden Euch ein aus- führlicheres von mir.

Herzlichst, Euer

Rolf

Meine liebe Mutti!

Heute habe ich Deine lieben Zeilen vom 12.2.42 erhalten. Recht herzlich danke ich Dir! Besonders habe ich mich über den sehr schönen Nachruf für unseren lieben Eber aus dem *Klosterboten* gefreut. Nur eines hat mir darin nicht gefallen, wenngleich ich ihn besser als den von Doktor O. finde. Folgende Stelle fiel mir sofort auf und ich hatte dabei ein unangenehmes Gefühl: „Er übertrug Solms Dichtungen ins Deutsche (Heimeran-Verlag, München, 2,- RM)...“! Ich finde das unpassend in einem Nachruf!

Heute sandte ich Euch einen Kartengruß, den ich einem Soldaten mitgab, der morgen nach Schneidemühl fliegt. Ihr habt ihn hoffentlich schon.

Mit Schrecken höre ich, dass Ihr vom 20.12. bis zum 12.2. keine Post von mir erhalten habt. Meine Schuld ist es nicht, doch das kann Euch natürlich wenig trösten.

Nach und nach werden wohl noch die Postsendungen zu dieser Zeit eintreffen.

Mein Tagebuch, das Ihr erhalten habt - was mich sehr freut - gab ich unserem Inspektor nach Weimar mit.

Heute war wieder recht schönes Winterwetter. Früh -20°C, mittags -11°C. Das empfinden wir schon als recht angenehm warm. Man stellt sich doch sehr auf die Kälte ein.

Sonst gibt's nichts Neues. Herzlichst, Euer

Rolf

Meine lieben Eltern!

Ein Verwundeter kam heute zu uns zur Truppe zurück und brachte uns einen Sack Post mit. Nicht viel für unseren Haufen, wo sowieso immer fast die Hälfte Verwundeten-Post oder verkehrt geleitet ist, aber ich hatte Glück, allerhand war für mich dabei. Ich will Euch Eure Zeilen gleich beantworten:

<u>Nr. 43</u>

…mit Grüßen und Zeilen von Marguerite und Notar de Wilde, worüber ich mich sehr freute.

<u>Nr. 80</u>

…mit Schulterstücken

<u>Nr. 42 (vom 9.11.41, ohne Nummer!)</u>

Darin ist der Inhalt des Päckchens, das Ihr dem Feldwebel Brücker mitgabt, aufgezählt. Es ist schon lange angekommen und beantwortet.

<u>Nr. 79</u>

Das neueste der bisher eingetroffenen Sendungen mit Schulterstücken, dem zweiten Paar. Beide kann ich dringend gebrauchen, da ich nichts auf Mantel und Obermantel hatte. Herzlichen Dank dafür. Ihr schreibt darin am 21.2. Post von mir vom 7.2. erhalten zu haben. Das ging ja erfreulich schnell! In Smolensk bin ich leider nicht, die paar lumpigen Fliegerangriffe werden sich wohl mit dem was hier so im Allgemeinen vorgeht nicht messen können. Flieger sind überhaupt halb so wild; moralischer Eindruck. Peinlich wird die Sache nur, wenn ein Schwarm Rattas[24] auf jeden Einzelnen aus geringer Höhe mit Bordwaffen Jagd macht. Hab ich

---

[24] Die Polikarpow I-16, die während ihres Einsatzes im Spanischen Bürgerkrieg von den Deutschen den Spitznamen „Rata" (Ratte) erhielt, war ein sowjetisches Jagdflugzeug aus den 1930er-Jahren mit einem luftgekühlten Neunzylinder-Sternmotor.

auch schon mal erlebt. Hoffentlich bekommt Ihr mit meinem Radio auch Musik. Ich wünsche Euch recht guten Empfang! Die 250,- RM (ich hatte über 200,- RM probiert) vom 2.1. sind also angekommen; inzwischen habe ich am 12.3. wieder 150,- RM nach Hause gesandt. Natürlich kam auch der Kopfschützer von Post-Nr. 27 an, vergaß sie nur zu erwähnen. Andenken und Briefe habe ich diesmal nicht mit eingebüßt!

Nr. 69

…mit dem zweiten Exemplar von Ebers Nachruf. Zwei Briefe und ein Päckchen, das Ihr Oberleutnant Druschke mitgab, sind bisher noch nicht eingetroffen. Habt Ihr ihn selbst gesprochen? Dann hat er doch sicher von meinem Besuch damals in Smolensk erzählt?

Nr. 75

…mit Heiratsanzeige von Gisela Weiderath. Mit der *„Wehrmacht"* hat irgendein Dussel Quatsch gemacht, kommt ja leider oft vor. Die mitgesandte Postübersicht dieses Briefes sende ich wieder mit zurück. In meinem Tagebuch stehen auf einer Seite die Nummern 1-80, jede klein in einem Kästchen, eingetroffene Nummern werden durchgestrichen. Danach übertrage ich den heutigen Stand und streiche alles Eingetroffene durch. Natürlich ist es nicht ausgeschlossen, dass ich etwa die ein oder andere Sendung, besonders die alten, erhalten habe und vergaß zu notieren. Aber fast ausgeschlossen, da nur selten Post ankam. Auch sonst kam noch einiges an. Ein sehr erfreulicher Brief von Gerda (vom 16.2.), ein Päckchen (Weihnachtspäckchen!) von Mia Kupper und ein Geburtstagsglückwunsch des Kreisleiters. Wenn ich die unleserliche Unterschrift lesen könnte, würde ich mich auch dafür bedanken. Aber derartige Schreiben sind ja sein Beruf - recht angenehmer Beruf - also nichts Besonderes. Hat wahrscheinlich doch das Tippfräulein geschrieben und in die Unterschriftenmappe gelegt.

Wenn Vati mit ihm zusammenkommt, kann er ja in meinem Namen danken.

Nr. 73

Auch gestern traf etwa Post ein. Ein Brief von Benders und Muttis liebe Zeilen vom 12.2., wofür ich ihr herzlich danke.

Ich will für heute schließen, grüße herzlichst, Euer

Rolf

Ostfront, 22.3.

Meine lieben Eltern!

Viel Glück hatte ich in den letzten Tagen mit der Post! Vorgestern und gestern kam einiges an, was schon alles prompt beantwortet worden ist.

Und heute gab's wieder Post zum ziemlich langweiligen Sonntag! Wir hatten einen Wagen nach Smolensk geschickt, sieben Säcke brachte er uns mit, dabei waren für mich allein achtzehn Sendungen. Sehr erfreulich und doch schade, dass die Post so lange nicht und dann haufenweise kommt. Eure Sendungen möchte ich wie immer kurz bestätigen und kurz darauf eingehen! Es trafen ein:

Nr. 93

…recht schnell gegangen! Mit Briefpapier, wofür ich herzlich danke. Damit bin ich zur Zeit gut eingedeckt, da wir etwas Marketenderware, unter anderem auch Papier, bekommen haben. Mein Brief „E. P.", in dem ich alle beantworteten Briefe sammle, wird allmählich voll. Werde ihn morgen absenden.

Nr. 86 (vom 24.2.)

…mit Spiegeln, die unser Schneider gerade auf dem Rock montiert.

Nr. 84

…mit zwei Notizblöcken, an denen ich nun auch keinen Mangel mehr leide. Das nette Büchlein, das dem Päckchen durch Feldwebel Brücker beilag, dient zur Zeit als Tagebuch und Postübersicht. Die in diesem Brief erwähnten zwei Paar Schulterstücke trafen schon ein. Gestern bestätigte ich sie.

Nr. 29

…mit Ebers Gebet und Cranemanns Anzeige seiner Jüngsten, zu der ich schon gratulierte und Antwort erhielt.

Nr. 78

Muttis liebe Zeilen vom 20.1.! Für die Zigaretten besonderen Dank. An Urlaub ist wohl leider nicht zu denken, liebe Mutti. Daran lässt sich nichts machen, aber es kann sich ja alles über Nacht ändern beim Kommiss, vielleicht denkt man doch mal an uns.

Nr. ? vom (26.2.42)

…mit lieben langen Zeilen von Mutti. Nummer nicht zu finden! Leider! Dann stimmt nämlich meine Liste nicht, denn ich kann mir nichts als erhalten durchstreichen. Schreibt also gelegentlich, falls dieser Brief zu Hause in Vatis Liste eine Nummer hat (92?). Es freut mich, dass nun doch endlich nach und nach meine Postsendungen eintreffen. Mutti danke ich viele Male für ihre so lieben Geburtstagsgrüße, die mir viel Freude machten. Die kleine Anneliese, kann ich Dir verraten, hat mir mal wieder geschrieben und mir ein sehr liebes Weihnachtspäckchen gesandt, nachdem ich monatelang nichts von ihr gehört hatte.

Nr. 5

Ein ganz alter Brief hat auch noch seinen Weg gefunden! Muttis liebe Zeilen sind es, für die ich herzlich danke.

Nr. 85

Leider hab ich den von Karl-August erwähnten Brief bisher noch nicht erhalten. Vati hat sich - was Euch beruhigen wird - geirrt, wenn er annimmt, dass ich schlank und mager geworden wäre. Im Gegenteil, zugenommen habe ich, trotz allem.

Nr. 81

…mit Brief vom 25. September (Nr. 3). Das zweite Mal haben mich die Briefe, die Ihr mir damals nach sendet, erreicht.

Nr. 83 und 82

„*Das Reich*" traf ein. Leutnant Fröhlich ist eben hier eingetroffen, ebenfalls der Major. Hab daher leider keine Ruhe mehr den Brief weiterzuführen. Morgen mehr!

23.3. (10 Uhr)

So, jetzt kann's mit der Epistel weitergehen, ein bisschen durcheinander. Leutnant Fröhlich brachte mir gestern Abend auch noch Post mit. Da kann ich gleich weitere kurz beantworten. Man höre und staune, **Nr. 1** ist eingetroffen (vom 25.9.!). Es ist ja alles längst veraltet und überholt, aber es freut mich doch, dass er noch gekommen ist. Vielleicht tun's die anderen auch. Da höre ich eben genauer, dass Kisten und Koffer von Hannover eingetroffen und das die Ammerseebilder gut geworden sind. Leider habe ich noch nicht eine Aufnahme davon selbst gesehen, ich bin noch so gespannt darauf! Wenn man ja wüsste, ob der Brief mit den Aufnahmen noch kommt! Aber egal, lasst doch noch mal Vergrößerungen (Papier 6×9) von den besten Stücken machen. Habe ich sie doppelt, so ist's nur gut. Meine Bekannten von damals bestürmten mich Abzüge zu bekommen. Die uralten Fragen, von Bregelmann, usw., finde ich endlich mal beantwortet. Die Fotorechnung bei Söllner/Hannover hat Vati hoffentlich längst bezahlt aus meinen Geldern?! Die darin erwähnte Post von Leutnant Söllner, E. Schäfer, I. Knoblauch ist ja heute auch gut angekommen.

Nr. 50

…brachte Leutnant Fröhlich gestern Abend mit. Für Muttis und Vatis Zeilen vielen Dank.

Nr. 89

…mit Grüßen von Mutti und ein paar Rosen, über die ich mich sehr gefreut habe.

Nr. 34

Das langersehnte Päckchen mit dem Schachspiel! Die Nummer stand schon einige Male in den Verzeichnissen, die ich aber nicht mehr habe (Halt, Irrtum, liegt noch in Brief „E.P.", der noch nicht abging!). Gleich mal nachsehen. Doch vergeblich, ist schon abgesandt. Jedenfalls ist das Päckchen mit Schachspiel, Nüssen, Tabak, Papier, Frostcreme, Rasierklinge, usw. da! Tausend Dank!

„Reich" Nr. 82 und 83

…erwähnte ich wohl schon, dann noch eine Berliner vom 19.2. (Auch ohne Nummer!). Am besten ist, Ihr nummeriert alles! Das wäre die recht erfreuliche Postbilanz. Das andere, was noch so kam, hat weniger Interesse. Heute muss ich noch viel beantworten, da gerade mal Zeit ist, besonders Tante Mi, die schon mehrfach anfragte, ob doch nicht alles angekommen ist. Von dieser Sorge war sie ja früher schon ganz besonders gepeinigt, die Gute! Hoffentlich kommt dieser für Euch sehr wichtige Brief bald zu Hause an. Bei mir hat sich in letzter Zeit nichts geändert, wenn auch im Einsatz, so ist es doch verhältnismäßig sehr ruhig hier, toi toi toi. Ich habe hier zur Zeit die reinste Etappenstellung, daher wird der Bauch dicker.

Also, liebe Eltern, habt nochmals tausend Dank für all die lieben Postsendungen. Herzlichst, Euer

Rolf

N.S.: 23.3. Ich lass eben noch mal all Eure Post zeitlich geordnet durch, ehe sie zur „E.P." wanderte um mit nach Hause geschickt zu werden. Ganz besonders freute mich Mutters lieber Geburtstagsbrief, für den ich noch mal danken muss! Eben rauche ich eine sehr gute, kleine Zigarre, die Tante Mi mir schickte! Ihr könnt das mal besonders erwähnen, wie sehr ich mich darüber gefreut habe.

Ohne Datum

Liebe Eltern!

Nach dem Prinzip „Fort was entbehrlich", damit man‘s nicht mitschleppen braucht, gebe ich heute diese Dinge zur Post. Das Päckchen kam gestern von Inge Mantel an. Sehr lieb war alles zurecht gemacht. Sogar ein paar Äpfel waren mit drin und ein fabelhafter Bleistift, wie ich Euch gestern per Karte schon mitteilte. Ich bleibe vorerst weiter, wo ich bisher war, rechne aber eigentlich ständig mit Versetzung zu einem Bataillon. Na, wird sich schon zeigen und ändern kann man doch nichts. Fußpuder später mal wieder mitschicken (Zur Zeit genug!). Für Vati ein paar von den guten „Rittergeist", die gestern ankamen, prima!

Herzlichst, Euer dankbarer

Rolf

Meine lieben Eltern!

Mal wieder schnell einen lieben Gruß an Euch. Gestern war wieder allerhand los. Der Russe griff sehr stark an, aber heute sieht die Luft schon wieder besser aus, da über Nacht weitere Kräfte eingeschoben wurden.

Für Euer liebes Päckchen mit Schachspiel Nr. ? dankte ich schon. Einliegender Brief ist wohl auch schon beantwortet worden, legt ihn bitte zu „E.P."!

Sonst gibt's nicht viel zu berichten. Herzlichst, Euer

Rolf

31.3.

Liebe Eltern!

Ein Haufen Post kam eben, da auch gerad welche abgeht herzliche Grüße und Dank für Nummer 100, 99, 101, 96, 64, 102, 45. Mir geht's gut, nur wenig Zeit. Bald mehr.

Herzlichst, Euer

Rolf

1.4.42

Tausend herzliche Grüße vom 1.4. Euch, liebe Eltern! Gestern kam viel Post, bin nur noch nicht zur Beantwortung gekommen.

Herzlichst, Euer

Rolf

Meine lieben Eltern!

Mit der Beantwortung Eurer Post, die gestern eintraf,
will ich meine heutigen Grüße beginnen:

Nr. 96 (vom 2.3.)

Mein „Zigarrenbekannter" aus Hannover hat doch von
sich hören lassen! Eine prima Kiste schickte er mir, wie
ich Euch schon schrieb. Die Rechnung bat ich an Vati
zur Erledigung zu schicken. Schon eingetroffen? Die
weißen dicken Wollsocken braucht Ihr mir nicht mehr
zu schicken. Ich selbst sandte Euch schon vor einigen
Tagen ein Paket mit Wintersachen (Kopfschützer,
Schal, usw. und für Vati Tabak). Ich bitte, die laufenden
Postnummern immer oben links im Brief anzugeben, da
die Umschläge oft schon vor der Beantwortung fort-
kommen und ich dann die Nummer nicht mehr feststel-
len kann.

Nr. 64 (vom 26.1.)

Vielen Dank für Vatis und Muttis Zeilen, auch für die
Zigaretten!

Nr. 102 (vom 8.3.)

Hilde werde ich gratulieren.

Nr. 45 (vom 23.12.)

Für das Weihnachtsgeschenk vielen Dank. Sollte ich
mal Urlaub bekommen, bisher nicht zu erwarten, so
wird aber nicht gespart. Man kann wohl sowieso nicht
mehr viel ausgeben. Vielen Dank auch für Muttis Grüße! Es sind nun doch allerhand Postsendungen eingetroffen und die Tatsache, dass jetzt noch ab und zu ganz
alte einrollen, lässt die Hoffnung zu, dass auch von den
jetzt noch fehlenden manches kommt. Zu Eurer Orien-
tierung nochmal eine Übersicht der Sendungen, die
noch fehlen, alle anderen sind schon da. Es fehlen noch
(von 1-100):

———

Nr. 2, 4, 7, 10, 13, 17, 18, 19, 22, 26, 28, 36, 42, 51, 52, 54, 56, 58, 62, 63, 65, 66, 67, 68, 75, 76, 77, 86, 90, 91, 94, 95, 98, Nr. 101 und 102 sind schon da!

Ihr seht, dass die Zahl der ausgebliebenen Sendungen doch schon stark zusammengeschmolzen ist. Wird auch noch manches davon kommen. Ein Brief „E. P." geht morgen auch ab.

2.4.42

Schnell muss ich heute früh den Brief beenden, da es allerhand Arbeit gibt. Noch mal aufgezählt danke ich für Nummer 100, 99, *Reich*, 101, 101, 96, 64, 102, 45, 87, 88, *Reich*!

Sonst geht's mir gut! Herzlichst, Euer

Rolf

N.S.: Eben habe ich den Brief an Euch geschlossen, da fallen mir noch ein paar Wünsche ein. Ein paar Paketadressen sendet mir bitte mal und etwas Kölnischwasser, oder sowas ähnliches. Bis es kommt ist es sicher schon recht heiß hier.

3.4.42, Karfreitag

Meine lieben Eltern!

Auf ganz altem Beutepapier, noch aus Frankreich, soll heute ein lieber Gruß an Euch gehen und gestern schon schrieb ich Euch, doch wurde der Brief nur zu einer Beantwortung Eurer Postsendungen. Eure Postsendungen Nummer 100, 99, 101, 96, 64, 102, 45, 81, 88, kamen am 31.3. an! Am 2.4.: 105, 106, 107! Auch ein Brief „E.P." und 150,- RM gingen an Euch ab.

Gestern Abend kam wieder etwas an. Nr. 105 und 107 (Zeitungen), besten Dank! Und Nr. 106: Es freut mich, dass die sechs Seidenpäckchen eingetroffen sind. Gute Qualität ist es, glaube ich, nicht. Aber besser als nichts. Die in Arbeitnahme der Decke für die Zukünftige hat wohl noch Zeit. Verschiedene strengen sich ja mächtig an, aber…!

Den Erhalt der Päckchen von Feldwebel Brücker mit Thermosflasche, usw., habe ich doch schon lange bestätigt. Für die Fotos besonderen Dank, auch für die Briefumschläge!

Heute hatten wir das Tauwetter erwartet, aber es schneit, wenn auch ziemlich mild. Der Schlamm wird aber doch bald kommen, übermorgen ist ja schon Ostern.

Ich bin noch immer in meiner alten Verwendung, sieht auch vorläufig nicht nach Versetzung aus.

Leutnant Wachsmann, mit dem ich mich so sehr angefreundet hatte, ist vor ein paar Tagen gefallen. Seit ein paar Tagen hatte er wieder eine Kompanie übernommen. Es ist mir sehr nah gegangen, war so ein feiner Kerl. Und welch schöne, harmonische Abende hatte ich mit ihm in Smolensk erlebt, meine Geburtstagsvorfeier. Wir schrieben Euch ja damals zusammen. Es hat jetzt bei uns Urlaub gegeben, zwar nur sehr wenig und vorerst nur für die Kompanien. Ich habe aber dem Kommandeur erzählt von Euch und dem Tode meines Bruders und habe gebeten mich, wenn möglich, zu berücksichtigen. Er war sehr verständnisvoll und will dem Wunsche gerne nachkommen, sowie die Bestimmungen etwas besser werden. Ich will Euch damit nicht so große Hoffnungen machen, denn zur Zeit sieht es noch aussichtslos aus. Aber Ihr seht doch, dass ich mich Euch zuliebe, soweit es die Lage zulässt, darum bemüht habe und bemühen werde. Ein paar Tage bei Euch wären wirklich schön für uns alle und würden Mutti und Vati sicher gut tun. Aber hofft nicht so sehr, damit Ihr nicht zu enttäuscht seid, wenn es nichts wird. Werner Habedank schrieb mir sehr nett, ich bedaure sehr, dass wir nicht mehr zusammen sind. Er bleibt noch einen weiteren Kursus in Hannover, wohl bis zum 30. Mai. Dann kommt er ja auch noch früh genug zum Osten. Der gute Werner ist nun zu stürmisch. Hoffentlich bleibt er noch recht lange in Hannover, wenn's ihm selbst auch nicht passt. Leutnant Jäger hat sich bei Kalinin eine Armverwundung zugezogen, wie mir sein Vater schrieb. Sehr freundlich schrieb er mir übrigens zu Neujahr.

Jetzt will ich erst mal essen, Kartoffelsuppe, sehr gut. Überhaupt haben wir prima Verpflegung, eigentlich immer, nur kommt es manchmal nicht vor[25]. Aber in letzter Zeit gut. Gestern war ein Hersfelder bei mir, Röder von der Meisebacher Straße. Ich kannte ihn von der HJ her. Er hatte mich kaum wieder erkannt, weil ich „so gut und dick" aussehen würde. Ihr werdet's gern hören, es stimmt nämlich!

Herzlichst, Euer

Rolf

Briefkopf vom 3.4.42

---

[25] Das Essen wurde hinter den kämpfenden Truppen in ruhigem Gebiet zubereitet und dann zu ihnen „nach vorne" gebracht. Waren die Angriffe zu stark, oder die Versorgungswege gestört, blieben Mahlzeiten aber oft auch aus, weswegen die Soldaten gerne versuchten, sich mit Gaben aus der Heimat zu bevorraten.

Liebe Eltern!

Vorhin schloss ich einen Brief an Euch, aber eben ent-
decke ich, dass ich mich für Nr. 74 und 97 (mit „Klosterboten"), die schon am 28.3. eintrafen, noch nicht
bedankt habe. Herzlichen Gruß, Euer

Rolf

8.4.42 (21 Uhr)

Meine lieben Eltern!

Bei viel Arbeit ist die Zeit sehr knapp, drum komme ich
heute nur zu einem kurzen Gruß, der Euch sagen soll,
dass mir's gut geht. Am 6.4. kommt wieder Post von
Euch, Nr. 111, 112, 113 und ein ganz alter: Nr. 10!
Herzlichen Dank, sowie mehr Zeit ist antworte ich ein-
gehender. Nur wird die Postbeförderung für einige Zeit
etwas stocken, da es mächtig taut. Macht Euch drum
keine Sorge, wenn Nachrichten etwas auf sich warten
lassen in nächster Zeit.
    Herzlichst, Euer

Rolf

9.4.42

Liebe Eltern!

Habe gerade Gelegenheit einen Kartengruß an Euch
loszuwerden, in den kommenden Tagen wird das wohl
immer schwerer werden wegen der Schlammperiode,
der wir jetzt mit Riesenschritten entgegengehen. Ihr

müsst Euch drum nicht sorgen, wenn die Nachrichten von mir mal etwas ausbleiben. Vielleicht wird's auch gar nicht so schlimm werden mit dem Dreck. Von Euch kam am 6.4. zum letzten Mal Post, aber morgen erwarten wir wieder was. Nr. 111, 112, 113, 10 kam an.

    Herzlichst

Rolf

10.4.42 - Fröhliche Pfingsten!

Liebe Eltern!

Schon seit Tagen bin ich nicht zu einem Brief an Euch gekommen, nur Kartengrüße gingen mehrfach fort. Ich bin in dem Ort, in dem wir nun schon fast drei Wochen liegen und wohl auch noch eine Zeit lang bleiben werden, als Ortskommandant eingesetzt und da gibt es allerhand zu tun. Etwa 70-80 Häuser hat mein Nest, alles voll belegt. Aus der Lauferei komme ich nicht raus, andauernd ist etwas anderes los.

Heute sandte ich Euch einen lieben Pfingstgruß, in diesem Brief lasst mich meine besten Wünsche noch mal wiederholen. Ein paar Marken lege ich für Vati mit bei. Hoffentlich kommen diese Zeilen noch bis zur nächsten Bahn, die Gott sei Dank nur etwa 15 km fort ist. Aber die Schlammperiode ist da. Etwa 10-15 cm ist dann alles aufgeweicht, bald wird der Verkehr für eine Zeit lang so gut wie stillliegen müssen.

Am 6.4. kam wieder etwas Post von Euch an, wie ich schon kurz auf einer Karte bestätigte. Es waren dies Nummer 111, 112, 113, 10. Ein ganz alter hatte auch noch seinen Weg gefunden.

Schade, dass Vati mir das Buch noch sandte, ich habe es ja längst gelesen (von G. Lindemann 33015). Als ich es ihm damals borgte zum Lesen und wir uns trennten, da ich weiterziehen musste, bat ich ihn es an Euch mit ein paar Worten der Erklärung zu senden. Na, ich schick es gleich wieder mit nach Haus.

Leutnant Paschen, der mir die schöne Kiste Zigarren vermittelt hat, besser sie mir durch seine Mutter zusenden ließ, schrieb mir vorgestern (vom 2.1.). Die Kiste kostet also 15,- RM. Ist mir sehr angenehm, da ich so, wenn ich bezahle - auf 15,- RM kommt's ja gar nicht an - um weitere bei Gelegenheit bitten kann. Viel besser als wie Weihnachtsgeschenk. Frau Paschen dankte ich schon für die Zusendung und bat sie die Rechnung an Vati zu schicken. Sollten Sie es getan und Ihr bezahlt haben, so ist's gut. Hat sie aber nicht geschrieben, so zahlt die 15,- RM bitte an: *Leutnant Paschen, Postscheckkonto Nummer 28943, Karlsruhe.*

19:30 Uhr

Ich wurde natürlich wieder unterbrochen. Inzwischen war ich in der Sauna[26], denn heute ist Sonnabend und ich hatte grad Gelegenheit dazu. So 'ne Sauna ist eine prima Einrichtung, wie neugeboren kommt man raus.

Noch was Wichtiges ist passiert: Post traf inzwischen ein. Auch von Euch was: Nr. 113 mit Aprikosen, wofür ich vielmals danke. Und ein Päckchen mit Süßigkeiten, Aprikosen, Zigaretten und Frostsalbe, das Ihr anscheinend Druschke mitgegeben hattet (vom 29.1.). Tausend Dank dafür, aus den Aprikosen mache ich mir etwas Marmelade.

14.4. (14 Uhr)

Ich weiß nicht, ob ich schon für Brief mit Aprikosen Nr. 113 dankte, wenn nicht, besten Dank! Hab mir eine Marmelade gekocht davon, war prima.

Meine Kommandanturgeschäfte nehmen mich voll in Anspruch. Allerhand Arbeit. Heute unfreundliches, nasskaltes Wetter, mit Wind, Regen und Schnee. Total nasse Füße hatte ich heute. Nachher vielleicht mehr.

Herzlichst, Euer

Rolf

---

[26] Ein Saunabesuch diente natürlich nicht der bloßen Entspannung, sondern war vielmehr eine Notwendigkeit, um Läuse abzutöten, deshalb wurde auch gleich die Kleidung mit erhitzt. Da sich die Soldaten nachts aber wieder auf ihre läuseverseuchten Strohbetten legen mussten, war der Erfolg oft nur von kurzer Dauer.

Briefrückseite vom 10.4.42

Liebe Eltern!

Bin eben über 10 km geritten und habe noch denselben Rückweg vor mir. Das wird nette Schweinerei werden. Mein Po tut schon gewaltig weh, hab doch keine Ahnung von so Biestern. Aber bei dem derzeitigen Schlamm ist anders kaum zu Fuß durchzukommen. Geb heute einen Brief einem Urlauber für Euch mit.

Herzlichst, Euer

Rolf

Liebe Eltern!

Mal wieder eine Gelegenheit Euch auf schnellem Wege einen Gruß zukommen zu lassen. Gleichzeitig ein Brief.

Herzlichst, Euer

Rolf

Liebe Eltern!

Na, ich kann Euch sagen, so viel Lauferei und Ärger habe ich lange nicht gehabt wie zur Zeit. Schon seit Tagen komme ich nicht zur Erledigung meiner Post. Neben den vielen Kommandanturbefehlen, Besprechungen über Arbeitseinsatz (Wege!), usw., gebe ich ab heute auch russische Befehle raus an die Zivilbevölkerung, die gut mit angestellt wird. Von dem ganzen Mist will ich Euch nicht berichten, aber viel anderes fällt mir nicht ein, da ich den Kopf ganz damit voll habe. Eure Post habe ich wohl alle beantwortet und viel Neues wird wohl so nicht ankommen, da die Wege so schlecht sind.

Ein sehr netter Brief von meinem ehemaligen Chef in Hannover, Herrn Oberleutnant Seeburg, der jetzt im Osten ist, traf ein. Außerdem Post von Inge Mantel, Gretel Schäfer, Dr. Kurt Gurke und sechs Illustrierte von Charlotte Kreuzberger.

Einen langen Brief erhielt ich neulich aus Paris von Ursel Helmer, ich schickte ihr mal in langen Mußestunden einen Kartengruß, den sie sehr nett beantwortet hat.

Eben aß ich prima zu Abend, mein Fahrer Labenstein kocht ausgezeichnet. Wir sind so eine kleine Tischgemeinschaft in meiner Kommandantur. Unser Dolmetscher, ein Stabsfeldwebel, der mich bei Abwesenheit vertritt und zwei Mann. Kartoffelsalat und Fleischklößchen gab's, dazu schwarzen Tee. Nicht schlecht, was? Mein Bauch wird auch immer dicker, wie ich erst heute wieder in der Sauna feststellte.

12.4.42

Gestern musste ich so schnell nach O., dass ich beim zukleben des Briefes, den ich doch mit zur Post nehmen wollte, diesen Bogen liegen ließ. Vielleicht bekommt Ihr diese Zeilen schon früher wie die gestrigen, da unser Dolmetscher wegen Krankheit ins Reich muss und diese Zeilen mitnehmen wird. Nachher mehr! Viel Arbeit.

(Nur für Vati und Mutti)
Ostfront, 20.4.42

Meine lieben Eltern!

Zwei wichtige Dinge kommen in diesem Einschreibebrief. Ich will kurz machen, denn die Zeit drängt. Erstens meine Tagebuchblätter der Zeit vom 22.2.42-20.4.42 und zweitens die Meldung, dass ich mit dem heutigen Tage zum II. Bataillon als Zug- oder Kompanieführer versetzt bin. Ich bat mir erst einmal eine kurze Zeit einen Zug zu geben und glaubte, dass man der Bitte auch nachkommen wird.

Es war für mich immer klar, dass dieser Tag mal kommen würde, froh bin ich, dass es erst jetzt im beginnenden Frühling und nicht mehr bei Eis und Kälte ist.

Auch sonst gehe ich meiner Zukunft mit Ruhe und der Hoffnung entgegen, dass ich allen Aufgaben gerecht werden kann. Nur bedaure ich zu einem Bataillonskommandeur zu kommen, mit dem ich erst kürzlich einen schweren Krach gehabt habe - damals führte er das Bataillon noch nicht. Der Regimentskommandeur ist aber auch orientiert und ich habe ihn in keiner Weise gegen mich, auch hat er mir versprochen mich bei Aufstellung der anderen Bataillone vom II. zum I. zu versetzen, nachdem er meiner Bitte mich nicht zu Major Eschenbach zu versetzen, nicht nachkommen konnte.

Ich habe nun vom heutigen Tage ab nichts mehr dagegen, wenn Ihr irgendeinen Versuch macht, dass ich aus der kämpfenden Truppe rausgezogen werde. Bis derartiges durchkäme, wäre ich sowieso eine ganz schöne Zeit beim Bataillon, die meinem Bedarf sicher genügen würde. Es gibt derartige Bestimmungen, dass der einzige Sohn, wenn der Bruder gefallen ist aus der kämpfenden Truppe herausgezogen werden kann. Das träfe zwar für mich nicht ganz zu, aber ich will es Euch überlassen. Vielleicht weiß Major Osius darüber Bescheid oder sonst jemand. Und wenn es nicht geht, so nehmt es auch nicht zu schwer. Ich tue hier nicht mehr als was viele tausend andere vor mir auch gekonnt haben. Die Hoffnung auf meinen guten Stern gebe ich nicht auf und das soll mich in allen schweren Stunden stark machen. Meine Feldpostnummer will ich vorläufig so lassen. Ich bleibe ja im selben Regiment, wo mir alles nachgesandt werden kann.

In herzlicher Liebe, Euer

Rolf

22.4.42

Meine lieben Eltern!

Recht herzliche Grüße mal wieder an Euch. Ich gab vorgestern einem Feldwebel einen Einschreibebrief (Tagebuchblätter) mit. Bin Oberleutnant geworden.

Herzlichst, Euer

Rolf

22.4.42

Meine lieben Eltern!

Wenn Ihr meine Zeilen vom 20.4. erhalten habt, so werdet Ihr wohl sehr auf Post warten. Ich kann Euch aber mitteilen, dass ich im nächsten Einsatz noch Führerreserve bin und vom 1. bis 3. Mai an einem Kursus teilnehme. Im Übrigen bin ich heute Oberleutnant geworden.

Herzlichst, Euer

Rolf

———

Liebe Eltern!

Am 23.4. hörtet Ihr zuletzt von mir, seitdem hat sich nicht viel ereignet. Ich liege noch immer in …, zur Zeit als Bataillonsführungsreserve, am 29.4. werde ich nach R. zu einem dreitägigen Kursus fahren.

Meine Feldpostnummer will ich vorher nicht ändern, da meine gegenwärtige Beschäftigung ja wohl nur vorübergehend sein wird. Sendet daher nur weiter an 03886, das kommt auch an, wenn auch etwas langsamer, ist doch sicherer.

Einen Brief aus Gent lege ich Euch mal mit bei zum Lesen. Das waren doch andere Quartierleute als dieses Sauvolk hier.

In den nächsten Tagen hoffe ich etwas Post zu bekommen. Meine Übersicht, die bisher genau geführt wurde, zeigt mir, dass am 10.4. zuletzt was ankam.

Meine Korrespondenz hat sich so nach und nach in Russland wieder etwas vergrößert. Ich werde Euch mal eine Übersicht anfertigen, damit Ihr seht, mit wem ich so alles in Verbindung stehe.

Sonst gibt's für heute nichts Neues! Herzlichst, Euer

Rolf

Ostfront, 30.4.42 (22 Uhr)

Meine lieben Eltern!

Heute habe ich eine Luftpostmarke erstanden, damit Euch meine Grüße schneller erreichen. Wenn ich wieder eine bekomme, schicke ich sie Euch, damit Ihr sie an mich verwenden könnt, wenn mal etwas wichtiges sein sollte. Ich bin zur Zeit in R. zu einem viertägigen Kursus. Vorhin ging ich vom Feldpostamt vorbei und hatte auch Glück. Von Euch waren leider nur zwei Zeitungen da: Nr. 129 und 132. Da fehlt wieder allerhand dazwischen. Von Nr. 109 an sind bei mir eingegangen: 100, 101, 102, 103, 104, 105, 106, 107, -, 109, -, 111, 112, 113, -, 129, -, 132, ich hoffe aber in den nächsten Tagen mir allerhand abholen zu können, denn der Weg vom Division-Feldpostamt bis zur Truppe ist immer der langweiligste für die Post.

In der Annahme, dass dieser Brief schnell in Eure Hände kommt, wiederhole ich noch mal einige kleine Wünsche: Acht Goldsterne, ein Paar rosa Spiegel (ein Paar kam schon an), acht goldene S. (Schützen). Bitte mir meine neue Feldmütze im Päckchen zu senden (wenn ich sie anfordere), meine alte hat wirklich bald ausgedient. Sonst fällt mir eben nichts ein.

Von meiner Versetzung zum Bataillon wisst Ihr ja schon, wie ich annehme. Vorerst bin ich noch Führungsreserve und „Mädchen für alles", was sich über Nacht ändern kann. Urlaubshoffnungen sind nach wie vor schwach, Ablösung ebenfalls unwahrscheinlich. Nur gut, dass wir den Winter und auch den Höhepunkt der Schlammperiode – wenn's nicht noch mal regnet - hinter uns haben. Die Fahrttruppen-Schule wollte schon wieder mal die Vorschriften von mir haben. Ich bat in meinem letzten Brief schon mal in meinem Gepäck nachzuforschen, ob etwa Vorschriften mit Stempel „Fahrschule-Han." da sind. Halte es aber selbst für fast ausgeschlossen, da ich meiner Erinnerung nach alle dem Wachhabenden, der damals wegen der Ferien einzig anwesenden Dienstperson, übergeben habe.

Habt Ihr mal von Onkel Bode aus Lübeck gehört? Morgen will ich mal ins hiesige Front-Kino, die Wochenschau soll angeblich Bilder aus Lübeck bringen.

Jammerschade um diese schöne alte Hansestadt[27]! Heute war ich hier im Varieté, sehr nettes Programm. Mein Kursus beginnt nämlich erst am 3.4., durch ein Versehen bin ich zu früh hergefahren. Habe daher hier zur Zeit so eine Art Urlaub, in dem mal endlich alle Post erledigt werden kann. Draußen ist wieder prima Fliegerwetter, da werden wir wohl Besuch bekommen. Heute früh 3 Uhr knallte uns auch die Ari recht beachtlich in die Stadt; ein bisschen früh zum Wecken!

Morgen werde ich diese Zeilen an Euch fortsetzen! Für heute gute Nacht, Euer Rolf

1.5.42 (13 Uhr)

Mein heutiger Gang zum Feldpostamt war nicht vergeblich; es kamen an: ein Päckchen Nr. 131 mit Zeilen Nr. 130, die anscheinend mit den Zeilen des noch nicht eingetroffenen Puddingbriefes verwechselt sind. Über Salbe, Tabletten und besonders die nette, praktische Zigarrenspitze herzlichen Dank. Ich will nicht meckern, aber grundsätzlich hättet Ihr erst eine Tube Salbe und eine weitere in 3-4 Wochen senden sollen. So muss ich eine wochenlang unnütz rumschleppen, denn beide kann ich auf einmal nicht brauchen. Euch kommt das vielleicht komisch oder pedantisch vor, aber Ihr könnt Euch ja gar nicht vorstellen, wie man sich gegen die kleinste unnütze Gepäcksvergrößerung sträubt. In Frankreich war das noch was anderes, da hatte man ja eine ganze Aussteuer mit bei sich. Ich weiß noch, wie mich

---

[27] Am 14. März 1942 hatte das britische Kriegskabinett eine Strategieänderung und damit den Bombenkrieg gegen die deutsche Zivilbevölkerung beschlossen. In der Nacht auf den 29. März 1942 war die Lübecker Innenstadt dabei ihr erstes Ziel. In dreieinhalb Stunden warfen Flugzeuge über 8.000 Stabbrandbomben, 400 Flüssigkeitsbomben und 300 Sprengbomben über der Stadt ab. Dabei zerstörten sie fast 1.500 Gebäude komplett und beschädigten über 11.000 weitere schwer. Über 300 Einwohner der Stadt wurden getötet, weitere 800 verletzt und insgesamt geht man nach diesem Angriff von ca. 15.000 obdachlos gewordenen Menschen aus.

Druschke mal mit meinem großen blauen Koffer veräppelte: „Gepäck wie eine Filmdiva", meinte er. Der Film ist abgelaufen. Für Muttis und Vatis Grüße besten Dank, freut mich, dass die Zigarren gut fahren.

Zweitens traf das „*Reich*" (Nr. 127) und drittens der Brief Nr. 120 ein. Für die Briefumschläge und den sehr brauchbaren Merker herzlichen Dank!

20:30 Uhr

Heute Nachmittag war ich im Front-Kino: „*Paradies der Junggesellen*", recht nett und viel zum Lachen. Na, Ihr habt den Film sicher schon früher mal gesehen. Die Post brachte noch zwei 50 g Päckchen von Hagemeier mit Zigarren. Sehr erfreulich, zumal sie wieder knapp werden.

Diesen Brief will ich erst bei Lehrgangsende von hier absenden, damit ich in ihm noch alles beantworten kann, was ich hier noch zu erhalten hoffe.

2.5.42 (14 Uhr)

Noch heute soll etwas Post am Feldpostamt eintreffen, hoffentlich ist mal ein längerer Brief von Euch dabei. Zwei Briefmarken, die ich schon lange in meiner Brieftasche mit rumschleppe, lege ich für Vati diesen Zeilen mit bei.

16:30 Uhr

Meine Posthoffnungen haben mich diesmal nicht enttäuscht. Euer Brief Nr. 136 mit Muttis lieben Zeilen und dem Soßenpulver traf ein. Schade, dass ich nur keine Milch hier bekommen kann. Aber ich werde es aufheben, bis mal wieder eine Gelegenheit da ist. Es freut mich, dass Ihr meine Zeilen vom 10.4. schon am 19.4. erhalten habt; Euer Brief zu mir hat etwas länger gebraucht, trotzdem ich hier neben dem Feldpostamt sitze, was sehr wesentlich ist. Gern höre ich von Euren Spaziergängen. Meine schöne Ortskommandanturzeit, die mir viel Spaß gemacht hat, ist ja nun auch schon als eine

———

kleine Episode in meine Geschichte eingegangen. Wo liegt denn Messancy? Ich glaube, ich war mal dort von Arlon aus. Kann das stimmen? Direkt hinter dem Bahnhof habe ich platt gefahren und musste selber flicken, weil ich eine kleine Schwarzfahrt ohne Fahrer unternommen hatte. Dort wohnte nämlich ein recht nettes Mädel, die auch gut Deutsch konnte und die ich dort kennengelernt hatte.

Das „Schatzkästlein" kann ich leider nur sehr selten hören, da ich ja meistens keinen Apparat habe. In Ch. war das ausnahmsweise mal der Fall, aber auch da hatte ich nur einen Lautsprecher, der im Nebenhaus angeschlossen war. Man musste sich also das anhören, was die dort einstellten. Meistens Tanzmusik natürlich. Hilde habe ich natürlich vergessen zum Geburtstag zu gratulieren, aber ich schrieb zuletzt an sie.

Mit Eurer Post kam gleichzeitig auch ein langer Brief von Gerda. Zwischen uns beiden entwickelt sich allmählich ein recht netter Briefwechsel, was mich sehr freut. Ein Foto von dem Kleinen lag mit bei, er sieht ja schon ganz manierlich aus und - man höre und staune - Karl-August hat sich zu zwei ganzen Seiten Brief aufgeschwungen! Die ersten Zeilen, die ich von ihm im Osten erhalte. Darüber habe ich mich besonders gefreut und ich werde ihm ausführlich antworten, zumal es mir heute meine Zeit erlaubt.

Mit meinen Zeilen, in denen ich Euch von meiner Versetzung zum Bataillon schrieb, habe ich Euch hoffentlich nicht zu sehr erschreckt. Aber ich konnte es Euch auch nicht verschweigen, zumal sich ja in Kürze meine Feldpostnummer auch ändern wird (vorerst schreibt noch an 03886). Von dem Gesuch auf Herausziehung aus der kämpfenden Truppe habe ich wohl etwas voreilig geschrieben. So wesentlich ist das aber nicht. Zur Zeit bin ich ja auch noch Führungsreserve des Bataillons, was sich allerdings schnell ändern kann. Den Bestimmungen nach kommt es ja für mich auch gar nicht in Betracht. Höchstens, dass jemand es mal lassen könnte, der Einfluss darauf hat. Major Bürgel (?) zieht, glaube ich, ins Heerespersonalamt. Aber Schluss davon, ich habe in letzter Zeit aufgegeben gegen das Schicksal anzugehen und bin gut dabei gefahren.

Zwei Büchlein der *„kleinen Bücherei"*, die ich durchgelesen habe, gehen morgen an Euch ab. Demnächst werden noch mehrere anrollen.

5.5.42 (18:15 Uhr)
Die Lehrgangstage gehen recht schnell vorbei. Übermorgen fahren wir schon wieder in alle Winde. ---

Eben ballert die Flak[28] ganz heftig. Na, heute Nacht werden sie wohl wieder kommen. Morgen Abend werden auch diese Zeilen ihre Reise antreten. Ich hoffe, dass vorher von Euch noch was im Feldpostamt eintrifft, heute kam nichts an. Gestern ein netter Brief aus Gent mit Foto von Marguerite.

Heute ist es mal wieder saukalt, geschneit hat es sogar heute früh. Dabei haben wir vorige Woche schon mit nacktem Oberkörper in der Sonne gelegen.

Ein paar Wünsche fallen mir gerade noch ein: Außer den sehnlichst erwarteten Sternen bitte Paketadressen. Man kann sie so gut für die Wiederverwendung von Umschlägen und Päckchen verwenden. Und eventuell eine kleine Tube Pelikanol[29] oder dergleichen.

Gestern Abend war unsere Stube, ein Leutnant, ein Oberarzt, ein Unterarzt, ein Obermusikmeister und ich geschlossen im Kino. *„Quax der Bruchpilot"*. Ganz nett. Vorgestern im Casino, wo es zwei Likör und eine

---

[28] Flugabwehrkanone

[29] Streichbarer Klebstoff für die Adressaufkleber

halbe Flasche Sekt gab. Sehr ordentlich, die Schullei-
tung strengt sich an. Ein paar gute Zigarren nicht zu
vergessen. Ein kleines Päckchen an Euch ist in Vorbe-
reitung. Mir fehlt nur noch der Klebstoff zum Aufkle-
ben einer neuen Adresse. Und noch einen Wunsch habe
ich, einen Rasierpinsel. Meiner ist überaus abgenutzt.

6.5.42 (18:30 Uhr)

Heute am letzten Lehrgangstage kam auch mal Post an.
Ein Brief von Gretel Schäfer und Vatis liebe Zeilen vom
23.4., für die ich recht herzlich danke (Nr. 139). Das
meiste, das bisher eingetroffen ist. Morgen früh fahre
ich wieder per Bahn zu meiner Truppe. Schade, dass Ihr
Karl-August nicht besucht habt. Ich meine, Ihr hättet ja
doch die Fahrt an einem Tage nicht fahren brauchen.
Hättet doch mittags in Nürnberg aussteigen können, das
wäre doch bei schönem Wetter gar nicht schlecht!? Am
nächsten Tage wäret Ihr dann nach M. weitergefahren.
Auf die paar Kröten kommt's doch gar nicht an heutzu-
tage. Machte ich nicht mal ein Geschenk für eine kleine
Reise? Oder ist das schon verwandt? Eine Maifahrt für
Euch im Fichtelgebirge wäre doch eine herrliche Erholung. Solltet Ihr Euch also doch noch dazu entschließen,
so nehmt von mir eine kleine Reiseunterstützung von
100,- RM, die Ihr ja als ein frühzeitiges Geburtstagsge-
schenk ansehen könnt, als Geschenk an. Ich würde mich
doch sehr für Euch freuen. Dann hätte Anna auch mal
etwas Ferien und Ihr könntet so Euren Laden zu Hause
zu machen. Also, wenn noch geht und Karl-August
noch da ist, dann schwingt Euch man mal auf. Und gute
Reise wünsche ich.

Der Brief wird zu schwer, drum will ich schließen. Mit herzlichen Grüßen, Euer

Rolf

Liebe Eltern!

Ein längerer Brief an Euch ist zur Zeit „in Arbeit". Vorerst nur mal dieser Kartengruß, der morgen seine Reise antreten soll. Von Euch trafen ein: Nr. ~~132~~, ~~129~~, ~~120~~, ~~127~~, ~~131~~, ausführlich im Brief erwähnt. Bin zur Zeit zu dem viertägigen Kursus.

Herzlichst, Euer

Rolf

2.5.42

Liebe Eltern!

Nur ein kurzer Gruß heute. An einem ausführlichen Brief schreibe ich gerade, er soll aber erst in drei Tagen abgehen, um die erste Luftfeldpostmarke besser auszunutzen. Nr. 136 kam heute an. Anbei noch einige Fotos, da meine Brieftasche allmählich zu voll wird.

Herzlichst, Euer

Rolf

Ostfront, 4.5.42

Meine lieben Eltern!

Heute soll ein kleiner Päckchengruß an Euch gehen. Ihr findet darin: Für Mutti eine kleine Dose Fisch, die ich mir aufgespart habe und für Vati ein Päckchen Tabak, ebenfalls empfangen und eine Zigarre. Ihr wisst ja, dass ich zur Zeit in … an einem viertägigen Kursus teilnehme. Ein längerer Brief entsteht zur Zeit, bei Lehrgangsende sende ich ihn ab. Ich wollte Euch überhaupt schon mal schreiben, dass Ihr mir keine Fresspäckchen zu senden braucht. Abgesehen davon, dass Ihr es ja gar nicht könnt ohne es Euch selbst abzuhungern, ist es auch wirklich nicht nötig, da unsere Verpflegung sehr gut ist. Über ein paar kleine Genussmittel freut man sich natürlich sehr, aber zum Beispiel soll mir Vati keinen Tabak mehr senden. Ich rauche ja so wenig Pfeife, dass ich mit dem Empfangstabak gut auskomme.

An der Hersfelder Zeitung sind nur die örtlichen Meldungen, der Unterhaltungsteil und die Anzeigen interessant, alles Politische ist überholt und man liest es im „Reich" besser und übersichtlicher zusammengefasst.

Morgen hoffe ich wieder etwas Post zu erhalten, heute kam ein sehr lieber Brief von Marguerite, per Feldpost sogar.

Für heute grüßt Euch herzlichst Euer

Rolf

Ostfront
Mit herzlichen Grüßen vom 6.5.42! Eine Tube Salbe später mitsenden! Herzlichst, Euer

Rolf

7.5.42
Liebe Eltern!

Ich sitze im Urlauberzug von Rschew nach Wjasma, aber keine verfrühte Hoffnung, ich fahre nur bis Wjasma, leider, um mir eine neue Dienstbrille im dortigen Lazarett zu beschaffen. Einem Kameraden gebe ich diesen Gruß mit, dem Tagebuchblätter beigefügt worden sind.

Einen Luftfeldpostbrief gab ich gestern auf, ebenfalls zwei Päckchen.

Tausend Grüße an Mutti und Vati, Euer

Rolf

N.S.: Neue Feldpostnummer: <u>25491</u>.

Ostfront, 8.5.42

Meine lieben Eltern!

Ehe ich wieder zurück zur Truppe fahre, will ich Euch auch noch schnell einen Gruß senden. Im Kriegs-Lazarett Wjasma wurde ich von Dr. Vogel sehr nett aufgenommen, eine neue Brille bekam ich auch und morgen fahre ich über R. nach O. zurück. Grüße an Euch (Brief) mit Tagebuchblättern gab ich einem Oberleutnant im Zuge mit. Schon angekommen? Der gestrige Abend war sehr nett, sehr angeregte Unterhaltung über mancherlei. Viel Neues wüsste ich sonst heute nicht zu berichten.

Herzlichst, Euer

Rolf

Ostfront, 9.5.42

Meine lieben Eltern!

Als ich heute von W. aus in R. ankam, fand ich beim hiesigen Feldpostamt etwas Post für mich vor. Euch danke ich für Nr. 135 (Zeitung) und Nr. ? („*Reich*" vom 15.4.). Beides Zeitungen, also keine Briefpost, leider. Nun werde ich wieder eine Weile auf Nachrichten warten müssen, denn morgen früh fahre ich wieder zum Bataillon. Über Postsendungen mal wieder eine Mitteilung: Von Nr. 100 ab trafen ein: Nr. 100, 101, 102, 103, 104, 105, 106, 107, 109, 111, 112, 113, 120, 127, 129, 130, 131, 132, 138, 136, 139. Ich schicke Euch Grüße durch einen Oberleutnant, der nach Berlin fuhr mit Tagebuchblättern und einem Gruß aus W.

Für Vatis liebe Zeilen vom 24.4. (Nr. 139) dankte ich am 6.5. schon, ich schicke ihn heute mit E.P. mit zurück. Urlaubshoffnungen sind noch immer schwach, aber mal wird es doch wohl klappen. In kleiner Anzahl fahren schon seit Wochen die ersten Urlauber aus unserem Abschnitt, natürlich kommen erst Leute dran, die seit dem 22. Juni hier sind, Familie haben, usw.! Aber ich hoffe, dass ich doch nicht mehr allzu lange warten muss, wenn auch meine neuerliche Versetzung zum Bataillon in dieser Beziehung wenig günstig ist.

Sollte es mal klappen, so will ich keine Stunde sinnlos vertun. Bei unserem lieben Eber würde das geheißen haben, dass er den ganzen Tag an seine geliebten Bücher gewollt hätte. So meine ich das natürlich nicht. Jedenfalls wäre es sehr erwünscht, wenn die Weinkiste eingetroffen wäre, damit wir abends nicht ganz trocken sitzen.

Herzliche Grüße an Mutti und Vati, Euer

Rolf

Meine lieben Eltern!

Ich war eben vergeblich an der Bahn, mein Zug fährt frühestens gegen 13 Uhr. Da kann ich aber noch mal einen Gruß an Euch senden.

Ich übernachtete heute in der Schulunterkunft, wo ich auch einen Teil meiner Sachen hatte liegen lassen. An die Stunden in Wjasma werde ich gern zurückdenken. Besonders schön waren die beiden Abende, an denen wir gemütlich zusammen saßen. Eine sehr interessante Unterhaltung kam zustande, besonders durch die Anwesenheit von einem Oberarzt Doktor Fromm, mit dem ich mich auch sehr angefreundet habe. Es wurde viel politisiert, auch medizinische Fragen wurden erörtert (bei denen ich natürlich der zuhörende Teil war), aber auch wurde alles Mögliche besprochen. Zum Beispiel Berufswahl und dergleichen. Das alles hat bei mir wieder so mancherlei Gedanken ausgelöst, mit dem ich noch immer nicht fertig werden kann. Die nötige Passion zum Offizier habe ich eigentlich nicht. Die Leute, die schon von jung auf wissen was sie werden wollen haben's doch verdammt einfacher. Sie sind eben einseitig stark begabt, für sie gibt es eben nichts anderes. Ich habe aber keinerlei ausgesprochene Interessen, und mit demselben Recht könnte ich auch sagen: ich habe vielseitige Interessen und kann mich daher nicht recht entscheiden.

Karl-August und auch Eberhard waren besser dran, sie hatten klare Bejahung in den Neigungen und ich habe von allem ein bisschen, aber nirgends eine ausgesprochene Neigung. Schon oft habe ich an Mediziner gedacht. Aber das lange Studium schreckt mich zurück. Schließlich geht es aber nach dem Kriege noch vielen so. Doch bis dahin werde ich vielleicht selbst

---

123

auch klarer sehen. Dieser Konflikt musste ja eigentlich mal kommen, eigentlich ist er schon lange da, nur bin ich zum Handeln zu schwerfällig.

Ich muss allmählich Schluss machen. Will mal sehen ob ich bei der Kommandantur was zum Mittag bekomme. Dann geht's zur Bahn.

Also herzliche Grüße und macht Euch nicht zu viel Gedanken wegen mir, Euer

Rolf

Ostfront, 11.5.42

Liebe Eltern!

Heute mal ein kleines Fresspaketchen von mir zu Euch; umgekehrt wie sonst eigentlich. Aber meine ersparten Reserven für die Schlammperiode habe ich nicht gebraucht. Die Versorgung war immer so gut, dass ich sie nicht habe angreifen müssen.

Ich kann Euch also ohne selbst etwas entbehren zu müssen dies Päckchen senden, wollen wir nur hoffen, dass es ankommt. Euch schrieb ich ja schon, dass Ihr mir keine Fressunterstützung zusenden braucht, unsere Verpflegung ist wirklich prima. Ein Päckchen Dauerbrot habe ich auch noch übrig und werde es demnächst senden.

Heute kam ich wieder beim Bataillon putzmunter heran, soll zunächst weiter hier als Führungsreserve bleiben.

Herzlichst, Euer

Rolf

15.5.42

Liebe Eltern!

Heute soll - genau wie gestern - wieder mal ein Gruß an
Euch gehen. Ich bitte Euch um Zusendung von acht
Sternen (goldenen), die ich ja nun allmählich brauche,
da ich, wie ich Euch schon mitteilte, am 20.4. Oberleutnant geworden bin (was Ihr den „Hersfelder Heimatgro-
ßen" mitteilen könnt). Heute bitte ich um ein paar Spiegel, das eine Paar, das schon eintraf, war richtig. Ich
dankte schon dafür.

Im Übrigen geht's mir gut. Heute Abend oder
morgen früh fahre ich per Bahn noch einmal zu einem
dreitägigen Kursus. Unterwegs hoffe ich auch endlich
mal wieder an meine Post ranzukommen, seit 10.4. habe
ich nichts erhalten.

Die schöne Stadt Lübeck scheint ja nach allem
was man so hört, furchtbar mitgenommen worden zu
sein. Rostock[30] ebenfalls, hoffentlich habt Ihr wenigstens in Hersfeld Ruhe, was ich aber annehmen möchte.

Die Urlaubshoffnungen sind nach wie vor dünn,
wenn auch besser, als wie vor einem Vierteljahr.

Ist Habedank eigentlich noch in Hannover? Ich
habe immer noch Ärger mit der ersten Inspektion, da
mehrere Vorschriften dort noch auf meinen Namen stehen und fehlen. Nun ging damals alles so schnell, dass
ich mich nicht 100 % erinnern kann, ob ich sie wirklich

---

[30] Nach dem ersten Flächenbombardement auf Lübeck am 28. März 1942
wurde die Innenstadt von Rostock als nächstes angegriffen. In den Nächten
vom 23. bis zum 27. April 1942 warf die Royal Air Force über 100.000 Bomben über der Stadt ab – von den 130.000 Einwohnern der Stadt sterben in
diesen Tagen über zweihundert, während weitere 35.000 obdachlos werden.

abgegeben habe. Aber ich habe sie doch nicht mit nach Hause geschickt, noch weniger mit nach Russland geschleppt. Wenn ich mich recht erinnere war die Sache so: Ich gab sie dem Wachhabenden der Schule, als der damals einzigen anwesenden Dienstperson, mit der Anweisung sie in den Tintenkasten einzuschließen und bei erster Gelegenheit der Inspektion abzugeben. Leider habe ich keine Quittung, drum kann ich's nicht beweisen. Ich erinnere mich aber immer genauer dran, dass es so war, zumal ich noch genau weiß, dass mich Anneliese zu Euch begleitete und draußen wartete. Es muss einfach so gewesen sein. Jedenfalls werde ich es der Schule so mitteilen.

Unabhängig davon bitte ich Euch aber in meinem Gepäck mal nachzuforschen ob

- H.D.V.[31] 68/8 Truppentransportvorschrift
- H.D.V. 240 Schießvorschrift
- H.D.V. 472 Kraftfahrvorschrift
- Richtlinien für Erziehung und Ausbildung

mit dem Stempel der Schule da sind. Falls ja, dort behalten und mir erst mal mitteilen. Ich halte es aber für ziemlich ausgeschlossen.

15.5.42, Ostfront

Meine lieben Eltern!

Ein wahres Briefbombardement erhielt ich gestern; ich kann Euch sagen, geschwitzt habe ich. Wohl etwa zehn Zeitungen, drei Päckchen und etwa vierzig Briefe. Einfach enorm, wäre aber auf die vergangenen postlosen Wochen verteilt angenehmer gewesen. Alleine von Euch trafen ein: Nr. 123, 98, 126, 128, 118, 117, 115,

---

[31] H.D.V. = Heeresdienstvorschrift

134, 125, 115, die Nr. 17 und 133 ohne Inhalt (der Umschlag hatte sich aufgescheuert), weiter die Nr. 110, 116, 122 und 108. Im Einzelnen kann ich erst nach und nach alles beantworten, zumal ich reichlich beschäftigt werde beim Bataillonsstab.

Fritz Jäger, der mit einem Armschuss zur Zeit zu Hause ist, schrieb mir sehr nett. Ich sei noch der einzige, der sich noch gehalten habe, alle anderen seien schon wieder zurückkommandiert zur alten Truppe. Ich würde auch in kürzester Zeit zurückgeholt, die Kommandierung sollte eigentlich nur drei Monate dauern. Anscheinend legt die Fahrtruppe keinen allzu großen Wert auf meine Rückkehr, bin wohl doch nicht der Typ des Offiziers, wenn der Krieg nur nicht mehr zu lange dauern will, werde ich doch noch irgendetwas anderes. Wenn Fritz recht hat - und er weiß es sicher durch seinen Vater - komme ich also doch hier raus. Seht daher von dergleichen Anträgen - von denen mal gesprochen wurde - bitte ab; es machte doch einen schlechten Eindruck und ginge sowieso wahrscheinlich schief. Erübrigt sich ja auch, wenn es sowieso die längste Zeit gedauert hat.

Einen Teil meiner Postübersicht schicke ich demnächst mit, da könnt Ihr sehen wer mir so alles schreibt und umgekehrt.

Herzliche Grüße,

Rolf

Ostfront, 16.5.42

Liebe Eltern!

Ein Gruß ging gestern schon an Euch mit dem Dank für die zahlreichen Postsendungen, die am 14.5. bei mir eingingen, raus. Ich dankte nur kurz für die eingegangenen Nummern, heute will ich wenigstens einen Teil ausführlicher behandeln und per E.P. nach Hause senden, zwecks Gepäckserleichterung.

Nr. 128

Schön, dass die zwei Päckchen angekommen sind, von … gingen am 10.5. (?) wieder drei Päckchen an Euch ab.

Nr. 17 und 133

…kamen nur in Form vom Umschlag an; der Inhalt war rausgefallen. Da sind sicher die umgewandten Umschläge, die nicht immer mehr ganz knitterfest sind, daran schuld. Hoffentlich war da nichts Wichtiges drin, die entsprechenden Verzeichnisse habe ich natürlich nicht mehr. Man kann ja nicht so viel mitschleppen.

Nr. 123 (2.4.)

Schön, dass meine Kiste eingetroffen ist. Öffnen ist nicht nötig, Schlüssel habe ich noch hier, möchte ihn auch wegen der Unsicherheit nicht schicken. Der kleine Atlas ist sehr nett und besser wie der größere (wieder aus Platzgründen), ich komme gut mit ihm aus. Schickt den anderen daher nicht! Die Grüße von Trude Bethke nehmen recht Wunder, an meinen Besuch in B. bei ihr habe ich nicht gerade die besten Erinnerungen und an den darauffolgenden Brief von ihr an Eber. Die Bücher aus München habe ich erhalten, Rechnung kann bezahlt werden.

Nr. 134

Also der Koffer ist auch da. Da ist mein Winterfell drin, nicht völlig ohne Läusegefahr, aber ich nehme es nicht als wahrscheinlich an. Also Nr. 42 wäre damals eingetroffen. Streiche gleich in meiner Liste an. Die Lübecker Zerstörungen sah ich auch im Kino.

Nr. 117

Bücher von Wangen/München trafen ein, Zigarren bat ich schon zu bezahlen. Schachspiel ist schon lange da.

——

Nr. 119

Herzlichen Dank für die Zigarettenspitze, schon die zweite. Der Klebstoff war leider nicht mehr im Umschlag, der etwas gelitten hatte. Denk doch mal an Paketadressen, bat schon darum.

Nr. 22

…vom 31.10.<u>41</u> traf auch noch ein. Die Feldpost scheint doch zuverlässig, wenn auch oft sehr langweilig zu sein.

Nr. 130

Mit Grüßen von Mutti und Puddingpulver - das schon neulich schmeckte - vom 10.4.42! Herzlichen Dank dafür! Päckchen mit Salbe kam schon früher an.

Nr. 115

Vielen Dank für diesen langen Brief! (Ich muss mich etwas kurz fassen, da wenig Zeit) Nr.3 kam bei mir an, wie ich schon mal schrieb. Nr. 29 habe <u>ich</u> erhalten, nach meiner Notiz. Du schreibst er sei zurückgekommen? Nr. 5 traf ein, Nr. 7 fehlt noch. Nr. 10 traf ein. Ebenfalls Nr. 17. Nr. 18 noch nicht da, ebenfalls Nr. 19 und 26. Nr. 42 traf ein (schon lange gemeldet). Wie hat Trude Bethke ihren Mann verloren? (Entschuldigt wenn ich so zusammenhanglos schreibe, lese Eure Post und notiere dabei)

Nr. 126

Mit Aprikosen und Muttis lieben Grüßen. Herzlichen Dank!

Nr. 125

Vom Ostersonntag. Vielen Dank für Zigaretten. Danke für Hildegards Zeilen!

Nr. ? (vom 29.3.)

Die Schreiben habe ich alle durchgelesen und in der E.P. zurückgesandt. Wir müssen da mal später darüber sprechen, zum Schreiben habe ich keine Ruhe.

Außerdem trafen viele Zeitungen ein, von Euch die Nr. 110, 116, 122, 108, ein „*Reich*" ohne Nummer. Postverzeichnis sende ich mit zurück, erhaltenes ist durchgestrichen.

So, diesmal war der Postempfang direkt anstrengend. Jetzt will ich in die Sauna, bin gestern durchnässt worden, Sauwetter. Heute wieder schön, meine Brocken trocknen draußen im Wind. Ich freue mich schon auf das Bad und die frische Wäsche anschließend, denn Kasaika hat prima gewaschen.

Mein Postsparbuch ist da. 150,- RM stehen vorerst drauf, werde aber demnächst wieder was drauf einzahlen. Es hat Nummer 73651. So, vorerst Schluss und herzliche Grüße, Euer

Rolf

Ostfront, 17.5.42

Liebe Eltern!

Heute noch ein paar Zeilen an Euch. Vorhin ging schon ein Brief fort (mit Fotos), gestern und vorgestern ebenfalls. Heute lege ich ein paar Blätter einer Postübersicht mit bei, die zum Tagebuch wandern sollen.

Meine täglichen Aufzeichnungen sind in letzter Zeit reichlich kurz gekommen, da ich nie recht Gelegenheit zum Schreiben hatte. Die Buden völlig überfüllt, draußen meist Mistwetter - eben scheint die Sonne zwar, usw.! Da war nicht viel zu machen. Eben kommt der erste Glückwunsch zum Oberleutnant an. Von Gretel Schäfer (ab Leipzig 2.5.42, an hier 17.5.). Sehr schnell, zumal noch über alte Nummer. Hoffentlich sind meine Päckchen gekommen, besonders das für Mutti mit Schokolade und Grüßen zum Muttertag.

Von Tante Mi erhielt ich zwei Briefe vorgestern. Sie ist die einzige der Verwandtschaft, die ab und zu noch schreibt. Und so nett. Durch Gottes Fügung ist Hannes durchs Abi gefallen, so können Sie ihn doch noch ein halbes Jahr länger bei sich behalten. Aber sie weiß doch: *„Einmal muss doch die Morgenröte des Friedens am Himmel aufsteigen, das gebe Gott!"* - Amen! Um Himmels willen, der arme Hannes tut mir leid, wenn er seine Umgebung mit der Ostfront wiedersehen müsste.

Ein dicker Brief E.P. wird demnächst abgehen, bitte ihn verschlossen aufzuheben.

Für heute tausend herzliche Grüße, Euer

Rolf

23.5.42

Liebe Eltern!

Ich kam schon seit Tagen nicht zum schreiben, zuletzt ging am 18.5. ein Gruß an Euch. Als neuste Post von Euch traf am 18. Zeitung Nr. 146 ein, vom 2.5., glaube ich. Ich hoffe in den nächsten Tagen wieder etwas von Euch zu erhalten, Nr. 139 war der neueste Brief. Sonst kann ich Euch nichts mehr berichten, soll nur ein Gruß sein.

Herzlichst,

Rolf

Meine lieben Eltern!

Heute Mittag kam endlich für mich die Versetzung von der Führungsreserve des Bataillons zu unserer 8. Kompanie. Ich hatte sie wirklich herbeigesehnt, da mir die ewige „Beschäftigung" mit dämlichen Posten zum Halse raushing, zumal bei dem Kommandeur! In der 8. Kompanie habe ich nur den ersten Zug übernommen, darin auch eine Hersfelder, was die Welt doch klein ist (Köhne, Kaufmann, war Vaters Schüler, etwa 30 Jahre alt; Ihr kennt ihn sicher!?). Der Chef, Hauptmann von Bernhardi, ist prima. Alles weitere wird Euch Stabsfeldwebel Kreß, der morgen auf Urlaub fährt, und dem ich diese Zeilen mitgeben will, berichten. Kreß will mir außerdem meinen eigenen Wintermantel mit nach Hause nehmen. Er will versuchen ihn nicht entlausen zu lassen, da das Leder sonst so leidet. Ist auch nicht verlaust, hängt ihn aber für alle Fälle längere Zeit auf den Boden, oder sonst wohin.

Heute kam wieder etwas Post an, ich danke für Nr. 148 und Nr. 151. Zu 151: Post von Charlotte Kreuzberger erhielt ich noch nicht nach dem Angriff auf Rostock, auch nicht die Zeilen an Euch, von denen Ihr berichtet. Wie ich vermute, hat Vati Charlotte eingeladen nach Hersfeld. Das finde ich wirklich sehr nett von Euch, hoffentlich nimmt sie an und besucht Euch, ein lieber, feiner Kerl ist Charlotte. Uns verbindet nun schon eine jahrelange Freundschaft, trotz des Altersunterschiedes, so dass ich mich sehr freuen würde wenn Ihr Charlotte mal kennenlernen würdet. Mit gleicher Post kam auch das Fotopäckchen von Söllner an. Die Bilder sind ja sehr nett geworden. Rechnung stimmt und kann beglichen werden. Desgleichen auch die Rechnung für die 0,80 RM-Büchlein aus München. Es geht alles ein bisschen durcheinander heute mit der Schreiberei; schön wär's, wenn ich selbst anstatt Hersfelder Kreß bei Euch plaudern könnte.

Die militärwissenschaftliche Rundschau traf mit ihren ersten Aufnahmen ein. Ich schicke es vielleicht dann Vati, wenn es meine Kameraden durch haben.

Leider ist heute unfreundliches, regnerisches Aprilwetter. Gestern war es ganz schön, völlig unbestimmt ist das hier in Russland.

Eine Luftpostmarke sende ich wieder mit. Neulich schickte ich schon mal eine, ebenfalls einen dicken Brief mit Fotos, die infolge Zuwachs in meiner Brieftasche (Postsparbuch) keinen Platz mehr hatten. Eingetroffen?

Einen kleinen Schlüssel für meine Leutnantkiste, die doch eingetroffen ist, sandte ich schon mal nach Hause. Eingang wurde bisher nicht bestätigt. Da ich bitte mir meinen alten dünnen Sommerrock mit zu senden - durch Stabsfeldwebel Kreß - schicke ich meinen zweiten Kistenschlüssel mit. Der Rock liegt glaube ich in der Leutnantkiste (bin nicht ganz sicher). Ebenfalls bitte die kleine Ordensschnalle (am Rock in Kiste?). Sonst nichts mitsenden! Aber berichtet mal was in der Kiste noch alles drin war, weiß es gar nicht mehr so genau. Außer Wäsche, Uniform, usw., lagen, glaube ich, noch ein paar Zigarren drin? Zu Hause aufheben! Eventuelle Konserven können verwendet werden, besonders, wenn Schwarzblech!

Vielleicht schreibe ich heute Nachmittag noch ein wenig, vorerst herzliche Grüße Euer

Rolf

N.S.: Neue Feldpostnummer ist 43882.

Stabsfeldwebel Kreß, der Spieß unserer Kompanie, ist so freundlich meine Grüße und vor allem das Päckchen und den Mantel - an beidem wird er viel und wenig angenehm zu schleppen haben - Euch persönlich zu überbringen. Er opfert dazu Stunden seines Urlaubs, da er meinet- und euretwegen einen Zug in Hersfeld überspringen will.

Ich will daher hoffen, dass Ihr gemeinsam ein nettes Stündlein auf dem Balkon - bei schönem Wetter - plaudern könnt. Er wird viel erzählen können, was man so schnell in Briefen nicht berichten kann. Vergesst aber nicht, dass er mein Spieß ist. Sprecht also nicht von manchem Unerfreulichen, was ich mal so mitschrieb, usw.! Damit Ihr ihm was anbieten könnt, schicke ich Vati ein paar Zigarren, Mutti etwas Schokolade und etwas Fressalien, die ich mir übergespart hatte - ohne dabei dürr zu werden - mit.

Herzlichst, Euer

Rolf

Meine lieben Eltern!

Heute bekommt Ihr mal ein liebes Päckchen von mir! Meine eisernen, für die Schlammzeit aufgesparten Bestände, die ich nie gebraucht habe. Die vier Weißblechbüchsen sind auch noch etwas länger haltbar.

Durch einen Zufall habe ich Gelegenheit, Euch dies schicken zu können. E.P. ist auch dabei.

Herzlichste Grüße und guten Hunger, Euer

Rolf

N.S.: Die Butter war schon beim verpacken nicht mehr ganz frisch, zum Kochen wird sie aber noch gut sein.

25.5.42 (14 Uhr)

Meine lieben Eltern!

Einen herzlichen Gruß vom zweiten Pfingsttag an Euch, liebe Eltern!

Heute früh nahm Hauptfeldwebel K., der auf Urlaub fahrend mir versprach Euch mal zu besuchen, meinen eigenen Wintermantel und ein kleines Päckchen für Euch mit. Er wird bei Eintreffen dieser Karte wohl selbst schon bei Euch gewesen sein und berichtet haben.

Tausend Grüße, Euer

Rolf

Ostfront, 29.5.42 (21:15 Uhr)

Meine lieben Eltern!

Heute Abend noch ein Gruß an Euch! Morgen soll er mit dem V-Wagen[32] fortgehen. Wir liegen seit gestern hier in Ruhe als Divisions-Reserve im Walde und zelten. Bei dem herrlichen Wetter wundervoll, mal aus den Wanzenbuden raus zu sein. Nur die Stechmücken quälen uns grässlich, besonders abends, wie eben. Jeden dritten Buchstaben muss ich sie verscheuchen, Hunderte hab ich heute wohl schon totgeschlagen, aber es werden immer mehr. Sonst geht mir es aber noch sehr gut! Stabsfeldwebel K. war inzwischen sicher bei Euch und hat Euch berichtet. 300,- RM gab ich übrigens noch mit

---

[32] Verbindungswagen

(außer dem Mantel und Paket). Wenn ich doch nur auch endlich mal auf Urlaub kommen könnte! Na, es wird auch mal sein!

Herzlichst, Euer

Rolf

30.5.42

Liebe Eltern!

Mit herzlichem Gruß mal wieder was Entbehrliches nach Hause. Heute erreichte mich Post, die ich noch ausführlich beantworten werde (Nr. 137, 138, 142, 151, 143, 147, Päckchen Nr. 140). Herzlichen Dank.

Ich schreibe - wie gestern Abend - bei herrlichem Wetter vor meinem Zelt, nur grässlich viele Stechmücken, die einen unaufhörlich plagen. Sonst geht es mir gut.

Herzlichst, Euer

Rolf

31.5.42

Meine lieben Eltern!

Vorgestern schrieb ich Euch aus unserem Waldzeltlager, in dem wir in Reserve lagen. Gestern gab ich einem Urlauber ein Päckchen mit Winterhandschuhen mit, darin dankte ich auch schnell für die am 30.5. von Euch eingegangene Post. Es waren dies Nr. 137, 138, 142, 151, 143, 147, - alles Zeitungen - und ein Päckchen Nr. 140. Heute früh rückten wir noch weiter zurück in unsere alten Quartiere, wo wir nun bis auf weiteres in Ruhe liegen, d.h. Ausbildung machen. Hier fand ich wieder Post für mich vor, sehr erfreulich! Es trafen ein: Nr. 147 (Brief mit Zeilen von Charlotte, dem armen Tier!), Brief Nr. 141, 152, 145, 144, 142; die Nr. 142 und 147 waren schon mal eingetroffen, da scheint in der sonst so zuverlässigen Buchführung ein Irrtum unterlaufen zu sein.

Das Unglück, das Charlotte betroffen hat, ist ja furchtbar[33]; sie tut mir furchtbar leid; hoffentlich nimmt sie Eure Einladung an. Das würde mich sehr freuen. Wenn ich nur wüsste, ob Muttis Creme wirklich Hautcreme ist (Päckchen Nr. 140), weil „mit Traubenzucker und Vitamin F". Ich wende sie jedenfalls als solche an und danke Mutti tausend Mal dafür!

Desgleichen danke ich Mutti für die Grüße mit Zigaretten vom 2. Mai (Nr. 145) und den Glückwunsch zum Oberleutnant.

Schade, dass Ihr nicht in den Urlaub gefahren seid, ich schrieb schon mal deswegen, könntet doch in zwei Etappen fahren, mit meinem Urlaub könnt Ihr nicht so rechnen.

Vati danke ich herzlich für Nr. 144. Die Paketadressen - von denen Ihr bald mal wieder schicken könnt - finden schon Verwendung, desgleichen die Sterne mit dem „S", die auch heute von Hilde eintrafen.

Der „neue" Regimentskommandeur ist schon wieder fort, ein anderer Oberst von der Meeden kam an seiner Stelle. Mir leider völlig unbekannt. Den betreffenden Wunsch, den ich dem Einschreibebrief beifügte, habe ich ja schon wieder rückgängig gemacht. Erstens fühle ich mich hier sehr wohl, zweitens geht's mir gut,

---

[33] Vermutlich wurde Charlotte bei dem Angriff auf Rostock ausgebombt, da es ihr selbst gut zu gehen scheint und auch nicht von Verstorbenen die Rede ist. Damit gehörte sie dann zu den 35.000 wohnungslos Gewordenen, die sich bei Verwandten/Freunden, in requirierten Zimmern oder nur leicht beschädigten Ruinen einquartieren mussten.

drittens sähe es nach Drückebergerei aus und viertens schrieb ich ja, was Fritz Jäger mir mitteilte (dass ich sowieso bald zurück zum alten Truppenteil käme).

Ich hoffe daher, dass die Bemühungen in dieser Richtung nicht allzu weit gediehen waren. Ihr werdet mir diese „Entgleisung" bitte verzeihen, die Lage brachte es halt so mit sich.

Luftpostmarken gibt es nur vier Stück pro Monat, Zuteilung! Eine lege ich bei. Sie wollen auch meist nicht schneller als gewöhnliche Post gehen, Glaubenssache.

Weiter danke ich für die Fremdsprachenzeitschrift. Ob ich sie immer wieder zurücksenden kann, lässt sich nicht versprechen, will's aber versuchen. Dann wäre noch für Nr. 152 zu danken! Unser Verpflegungsmeister bietet mir gerade eine gute Zigarre an. Tut gut nach den 21 km Marsch heute Vormittag.

„Eau de cologne" ist leider noch nicht da. Bei den Mücken und dem Staub schade, sehr erwünscht. Hier ist es ja nun Sommer, Frühling gibt's kaum. Ihr habt mir doch wirklich keine Liebe und Sorge zu vergelten, wie Vati schreibt, doch wohl eher umgekehrt!

Hilde schickte mir mit lieben Zeilen vier Paar „S" und zwei Schachteln Zigaretten. Man tauschte mir eben die Zigaretten in prima abgelagerte Zigarren. Guter Tausch, drei Zigaretten für eine Zigarre, ausgezeichnet! Das geht aber leider nicht immer.

Als dann käme Nr. 147 dran: ich bin wirklich erschüttert, als ich hörte, wie schwer es Charlotte getroffen hat. In einem Eurer Briefe erwähnt Ihr Charlottes Zeilen, aber nichts von all dem Unglück. Ich nahm daher an, ihr sei bei den Fliegerangriffen nichts passiert und schrieb ihr vor Tagen schon in dem Sinne an ihre alte Adresse. Hoffentlich folgt sie Eure Einladung.

Es freut mich, dass Koffer und Kiste eingetroffen sind. Den Koffer schnürte ich erst Anfang März hier in der Gegend, gab ihn dann einem Wagen mit nach Witebsk, von dort wurde er dann mit der Kiste, die seit Oktober dort stand, abgesandt. Daher erklären sich auch die Toilettenartikel, Nähsachen, usw. Ursprünglich sollte die Kiste ja nur für die Offensive dort bleiben und später nachgeholt werden. Bei den derzeitigen Fahrzeugmöglichkeiten war das aber nicht weiter möglich. Per Fuß und Panjewagen (für das nötigste) ziehen wir hier rum; kümmerlich! Daher ging die Kiste heim, gut, dass sie fort ist. Zu schicken braucht Ihr zunächst nichts davon. Rasierklingen gibt's genug hier in der Marketenderei. Eau de cologne ist erwünscht, falls sowas drin war, ebenfalls _etwas_ Stopfzeug. Waren noch Zigarren drin? Wenn ja, zu Hause aufheben.

Die gute Drahtverschnürung hat ein Feldwebel in Witebsk gemacht, der die Sachen versandt hat.

Während der Führerrede dachte ich auch an Euch. Durch Zufall habe ich sie mitgehört, Radio haben wir selbst nicht mehr.

Sonst gibt's nichts mehr zu berichten. Ich hoffe, dass Stabsfeldwebel Kreß Euch inzwischen besucht hat, wie er versprochen hatte. Ein nettes Fresspaket hatte er für Euch mit. Und den schönen Mantel.

Draußen vor meiner Bude haben mir meine Melder einen Tisch gezimmert, da werde ich mich nachher noch ein wenig raussetzen und lesen oder schreiben. Post von Charlotte, Hilde, usw., ist noch zu beantworten. Hier gibt's auch Gott sei Dank weniger Menschen als vorne im Wald: aber immerhin, genügen tun sie auch!

Für heute meine herzlichen Grüße, Euer

Rolf

Meine lieben Eltern!

Gerade hatte ich gestern Abend den Brief an Euch zugeklebt, da brachte mir mein Melder weitere Post, für die ich schnell heute früh danken will:

Nr. 153

Berliner Illustrierte, herzlichen Dank!

Nr. 156

Mit Sternen und Notizblock.

Nr. 158

Mit Aprikosen und Multis und Vatisgrüßen.

Nr. 155

Mit Spiegeln und Paketadressen. Umschlag 155 kann ich daher gleich noch mal verwenden. Umschläge sind besonders knapp hier.

Nr. 157

Mit Zucker! Betr. Füller käme breite Feder infrage. Inzwischen hat sich aber mein alter Füller wiedergefunden. So wichtig ist der Kauf also nicht, wenn noch angebracht, dann habe ich einen zu Hause in Reserve. Schick mir doch mal Füllertinte. Jetzt wird's ja nicht mehr frieren und gut verpackt muss es doch gehen. Ich habe höchstens für die Adressen Tinte, sonst nur Blei.

Und dann noch Vatis lieber, acht Seiten langer Brief vom 16.5. (Nr. 154), der mir eine besondere Freude war. Er kommt noch nicht zur E.P., werde später noch mal darauf eingehen. Heute früh langt die Zeit nicht mehr.

Herzlichst, Euer

Rolf

Liebe Eltern!

Noch schnell einen Gruß heute Abend an Euch und tausend Dank für Brief Nr. 150, der eben eintrifft. Einem Urlauber gebe ich meine Pelzjacke mit, für mich jetzt unnötiger Ballast. Sie ist mein Eigentum. Bitte irgendwo (Balkon?) aufhängen.

Herzliche Grüße, Euer

Rolf

Ostfront, 6.6.42 (15 Uhr)

Meine lieben Eltern!

Heute kamen Eure lieben Zeilen vom 20.5.42 (Nr. 159), herzlich danke ich dafür. Gut, dass Ihr Feldpostbriefe und Paketadressen mit gesandt habt, da kann ich Euch gleich antworten.

Zuletzt schrieb ich Euch am 1.6. einen Brief, am 31.5. zwei Päckchen mit Tabak, usw., seitdem kam ich nicht mehr zum Schreiben, da wir eingesetzt sind, und ich erst mal hier die Verhältnisse kennenlernen musste; jetzt ist mehr Zeit.

Ich will Euch ein bisschen von meinem jetzigen Tagesablauf erzählen, doch zuerst noch eins: Schickt laufend Paketadressen, die wird es ja zu Hause geben, sie ersetzen mir die fehlenden Briefumschläge.

Also, bei uns ist jetzt alles umgekehrt, wir sind Nachtschwärmer geworden. Eben um 15 Uhr bin ich aufgestanden, da wundert Ihr Euch wohl? Ja, tags ist unsere Stellung verhältnismäßig ruhig, aber ab Dämmerung, die hier nur recht kurz ist, ist der Teufel los. Die ganze wüste Schießerei, Handgranaten, Ari, Granatwerfer, Pak, usw.! Das geht jetzt so gegen 22:30 Uhr rum los, um 2 Uhr ist's dann schon wieder hell. Aber in dieser Zeit ist alles ohne Ausnahme ununterbrochen in den Stellungen. Dann so gegen 3 Uhr rum können die ersten etwas schlafen gehen und tagsüber lösen sich die Posten gegenseitig ab. Der Russe macht's genauso. Ein seltsamer Tageslauf. Mittagessen gibt's um 23 Uhr rum, aber man gewöhnt sich ausgezeichnet daran.

Mein Zugabschnitt ist recht groß, wenn ich alle Stellungen abgehe brauche ich etwa zwei Stunden, da man oft hin und zurück muss und die Deckungsgräben - die leider oft kniehoch voll Wasser sind - benutzen muss.

D.h. am Tage kann man fast aufrecht rumlaufen, der Russe sieht es, schießt aber fast nie und wenn trifft er meist nicht. Einen Verwundeten habe ich in den drei Tagen die wir hier sind. Wir haben ganz schöne Stellungen übernommen, auch mein Bunker ist prima, drinnen bauen wir einen Lichtschacht. Ich hatte mir das alles viel schlimmer vorgestellt, wird's vielleicht auch ab und zu mal, aber eben geht es prima. So, jetzt hab ich Euch wohl ein bissel viel erzählt, aber abends im Radio hört Ihr ja nichts dergleichen!

Für heute grüßt Euch herzlich Euer

Rolf

N.S.: Wenn bloß die verfluchten Stechmücken nicht wären!

Meine lieben Eltern!

Im Moment kommt ein Melder vom Kompaniebunker rübergelaufen und gibt mir Post. Welche Freude! Tausend Dank für Nr. 162 und für die Zeitungen Nr. 161 und 163.

Zunächst zum unwichtigeren: Postübersicht. Ich sende sie gleich wieder mit zurück, da mir Papier fehlt. Ihr seht, von Nr. 142 bis Nr. 163 ist alles da, bis auf das Päckchen Nr. 149, das wohl noch eintreffen wird. Herzlichen Dank für Eure vielen Sendungen!

Vati schreibt, dass die noch fehlenden Sendungen Nr. 2, 51, 56, 58, 62, 63, 66, 121, 124 und 138 Zeitungen gewesen sind. Nr. 121, 124 und 138 sind inzwischen eingetroffen. Die anderen trafen wahrscheinlich auch ein, da früher öfter Zeitungen <u>ohne</u> Nummer eintrafen. Die meisten davon sind also sicher in meinen Händen. In meiner Postliste werde ich diese Nummern streichen, dann sieht die Liste auch erfreulicher aus.

Von Nr. 100-163 ist <u>alles</u> eingetroffen, außer Nr. 149 (wird wohl noch kommen).

So, nun habe ich mir erst mal eine gute Zigarre angezündet. Leider werden sie auch immer rarer und schlechter (mit Papierhülle und so). Und nun weiter. Draußen rumst es. Unsere Ari anscheinend.

Ich schrieb Euch ja schon, dass wir in Stellung liegen. Aber heute Nacht werden wir schon wieder abgelöst. Eigentlich bliebe ich noch ganz gerne hier, besonders meinen prima Bunker nähme ich gerne mit. Als ich heute die Stellungen meines Zuges abging, hat er mich wohl gesehen, einen mörderischen Ari-Feuerüberfall und anschließend Störungsfeuer veranstaltete er, aber ohne was zu treffen. Aber ich will erst mal Eure Post beantworten. Es geht ein bissel durcheinander, da ich oft gestört werde. Gerda beantwortete ich eben einen Brief (vom 19.5.). Ich freue mich sehr, dass wir jetzt doch öfter voneinander hören.

Für Nr. 159 dankte ich schon am 6.6. Ein Brief E.P. liegt bei. Die Paketadressen bewähren sich!

Alles nacheinander. Nun Mutti herzlichen Dank für Ihre lieben Pfingstgrüße. Ich hoffe, dass mein Päckchen durch Stabsfeldwebel Kreß etwas zur besseren Verpflegungslage beiträgt.

Wenn ich mal auf Urlaub komme, braucht Mutti wirklich nicht zu fürchten, sie müsse mich herausfüttern. Unsere Verpflegung ist wirklich prima. Hier in vorderster Linie gibt es ja noch Kartoffeln, da alle Zivilisten weg sind und die Kartoffeln prima vergraben sind. Nicht erfroren, überhaupt nicht süß. Den ganzen Tag - gerade heute, weil's zum letzten Mal ist - wird gebrutzelt. Salzkartoffeln, Pellkartoffeln und - soweit das Fett reicht - Bratkartoffeln. Prima! Nachher werden zum Abschied noch mal Bratkartoffeln serviert, eine kleine Dose Schweinefleisch habe ich noch. Sie soll dran glauben. Ihr seht, mit Fressalien steht es gut!

Nun zu Charlottes Zeilen. Schade, dass sie nicht zu Euch kommt. Habe es mir gedacht, dass sie beruflich nicht kann. Aber sie hat sich ja gefreut über Eure Einladung und das ist die Hauptsache. Bei all dem, wiegt ein bisschen Freude ja doppelt.

Um 23 Uhr soll die Ablösung eintreffen, um 2 Uhr wird es bereits schon wieder hell. Hoffentlich kommen sie pünktlich, damit der Russe nichts merkt.

Ich war erst mal wieder draußen. Der Russe kurvt mit Panzern herum, wahrscheinlich fährt er Munition. Nachts sieht er ja mit den Augen nichts und morgen sind wir fort.

So, nun muss ich bald schließen, hab noch allerhand zu tun. Schnell noch zu Vatis Zeilen: Über meine

Berufswahl müssen wir am besten mal sprechen - hoffentlich geht es bald, oder in einer ruhigeren Stunde mit mehr Zeit schreibe ich vielleicht dazu. Jedenfalls: Auf den Osten pfeife ich! Aber kräftig! Da sollen mal andere hingehen, mir langt's. Und so denkt wohl mancher hier!

Gut, dass die bewusste Angelegenheit erledigt ist. Mir tat's schon leid, sowas geschrieben zu haben. Aber sicher war auch die Tatsache daran schuld, dass ich zu einem Bataillonskommandeur kam, mit dem ich auch schon Krach hatte. Natürlich wie alle! Ein Scheißkerl!

Zum Radiohören komme ich leider nur sehr selten.

Nun für heute herzlichen Gruß, Euer

Rolf

N.S.: Die Ablösung hat gut geklappt! Nach etwa 30 km Marsch sind wir in unserer Unterkunft gut angekommen!

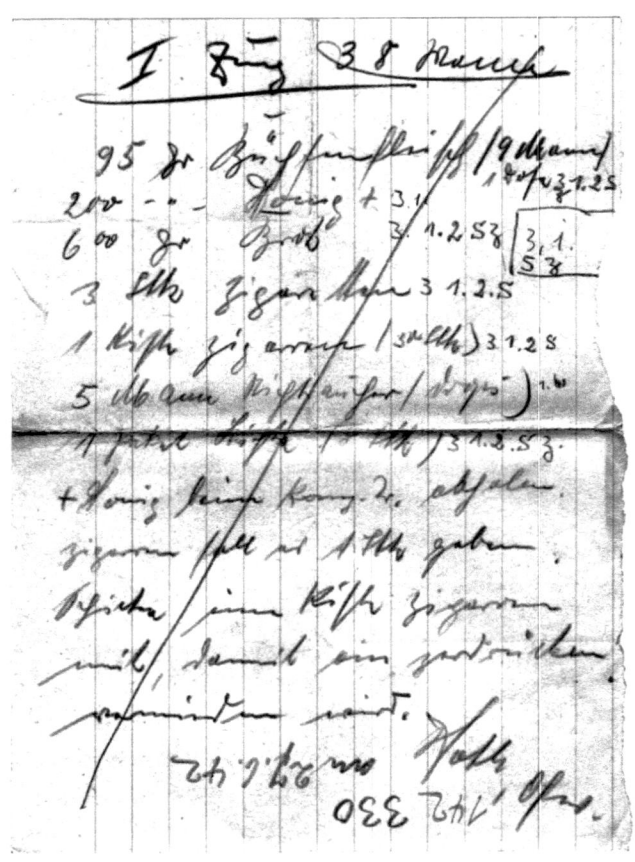

Rückseite (Seite 1) des Briefes vom 8.6.42

146

Unsere Sendungen Nr. 142—162

142. Reich   28. 4. 42
143. Berl. Illustr.   29. 4. 42
144. Brief   2. 5. 42 (mit 2 Paar Hosen, Paket-adressen)
145. Brief   2. 5. 42 (von Mutter mit Cigaretten)
146. Berl. Ill.   3. 5. 42
147. Reich   5. 5. 42
148. Berl. Ill.   8. 5. 42
149. Päckchen   8. 5. 42 (Eau de Cologne, Tabletten)
150. Brief   8. 5. 42
151. Reich   13. 5. 42
152. Brief   16. 5. 42 (Einschreibebrief u. Luftpostbrief erhalten)
153. Berl. Ill.   16. 5. 42
154. Brief   17. 5. 42 (8 Seiten)
155. Brief   17. 5. 42 (2 Paar Paketadressen)
156. Brief   17. 5. 42 (4 Hosen, Notizblock)
157. Brief   18. 5. 42 (mit Aprikosen v. Mutter)
158. Brief   18. 5. 42 " Bruder " "
159. Brief   20. 5. 42 (Paketscheine Luftpostbriefe)
160. Reich   20. 5. 42
161. Berl. Ill.   24. 5. 42
162. Brief   24. 5. 42
63

Rückseite (Seite 2) des Briefes vom 8.6.42

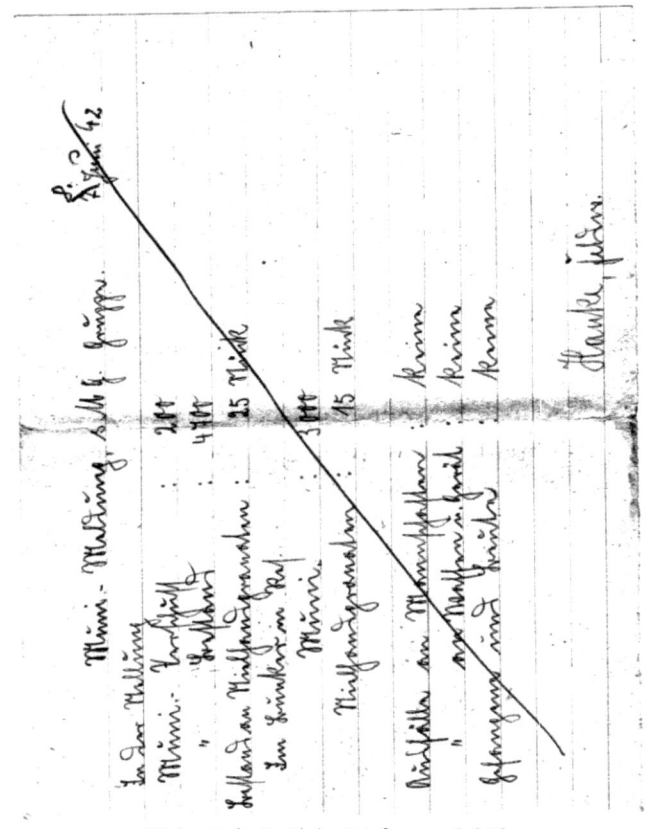

Rückseite (Seite 3) des Briefes vom 8.6.42

148

8. Juni 42

Meine Meldung 2. Gruppe I. Zug

An Stellungen:

Bestand: 7.100
Verschuss: 800
Wurfhandgranaten: 70 Stück

In Reserve am Bunker:

Minen: 6.500
Handgranaten: 30

Ausfälle an Mannschaften:
        Gerät:
Gefangene u. Beute:

Sodann, Uffz.

Rückseite (Seite 4) des Briefes vom 8.6.42

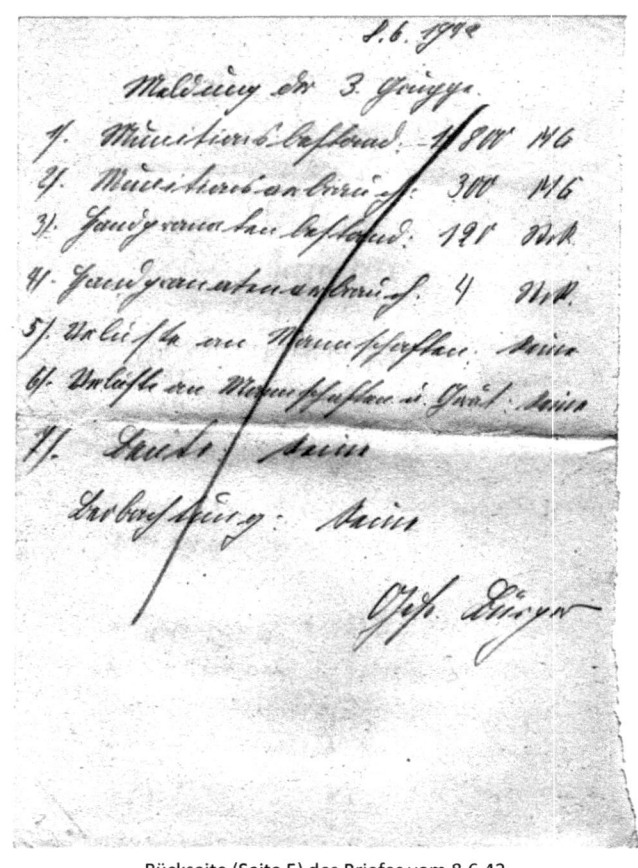

Rückseite (Seite 5) des Briefes vom 8.6.42

150

1. Gruppe I. Zug

Meldung für 7.6.42. 16⁰⁰ Uhr
        - 8.6.42. 16⁰⁰ .

Munitionsverbrauch: 510 Sch.SS
  "   "   - bestand: 15320 . SS

Handgranat. verband: 4 Her
  "   "   - bestand: 181 "

Ausfall a. Mannschaft. - .
  "   "   an Waffen u. Gerät .
Gefangene, Beute : .

Pf. G. Preller
Gruppenführer.

Rückseite (Seite 6) des Briefes vom 8.6.42

151

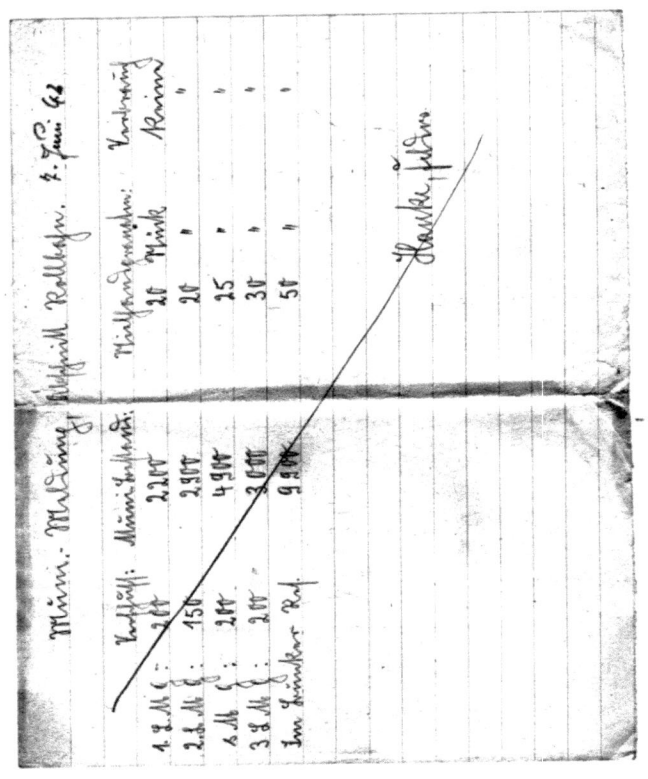

Rückseite (Seite 7) des Briefes vom 8.6.42

Meine lieben Eltern!

Bei dem Luftpostbrief denkt Ihr sicher, ich käme auf Urlaub. Nein, leider nicht. Ich wollte Euch nur mal wieder einen Gruß senden und Euch sagen, dass mir's gut geht; auf diesem Wege, damit es schneller geht.

Am 8.6. schrieb ich zuletzt an Euch. Da lagen wir noch vorne in Stellung. Inzwischen sind wir abgelöst, eigentlich schade, denn die Stellung war recht angenehm, wenn auch Brückenkopf und Panzergefahr, aber so geht's halt neuen Dingen entgegen. Mein Bunker war geradezu fantastisch, den hätte ich gerne mitgenommen. Sonst gäbe es eigentlich nichts zu berichten. Mein Dienstbereich als Zugführer macht mir viel Freude, doch was anderes als all die bisherigen Beschäftigungsposten. Wenn der Bataillonskommandeur nur besser wäre. Ein unsympathischer Mann ist gelinde ausgedrückt.

Leider sehe ich so gar keine Hoffnung auf Urlaub. Und ich käme doch so gerne mal, aber da heißt's halt warten. Zwei Platzkarten gab es neulich mal für das Bataillon! Wenn das wenigstens laufend käme, aber es müssen halt alle Wünsche zurücktreten vor dem Wichtigeren.

Ein Urlaub sollte ja herrlich werden; für eine kleine Reise wäre die Zeit wahrscheinlich zu knapp. Dafür würde ich in Berlin und Hannover mal kurz Station machen. Mutti brauchte wirklich nicht zu fürchten mich „rausfüttern" zu müssen. Ich habe noch nichts abgenommen, trotz allem. Ich hoffe, dass Hersfelder Kreß Euch inzwischen aufgesucht hat. Einem Urlauber gab ich meine Pelzjacke mit, er sollte sie an Euch weiter senden (Unteroffizier Bernatzky). Post vom 8.6., 6.6., 1.6., 31.5., 30.5., 24.5. ist unterwegs.

———

Seit gestern ist es wieder recht kühl, so dass man nicht draußen sitzen kann, dabei aber sonnig. Ein komisches Land, ständig maßlos. Na, hoffentlich kann ich Euch recht bald mal berichten, d.h. ich werde wohl recht still sein und wenig erzählen, vielleicht. Aber Hauptsache ich käme mal endlich wieder heim.

Mit tausend herzlichen Grüßen, Euer

Rolf

Meine lieben Eltern!

Heute Mittag - in zwei Stunden - fährt ein Unteroffizier unserer Kompanie in die Heimat, er wurde als Eisenbahner reklamiert. Ich gebe ihm herzliche Grüße an Euch mit diesem Einschreibebrief mit, der außerdem ein paar Tagebuchblätter enthält. Recht dünn sind die Aufzeichnungen geworden, da man nicht mehr viel Zeit hat, aber besser als nichts. Ich muss erst noch ein paar Tage nachtragen.

Für diesen Monat hat das Bataillon sechs Urlauberkarten bekommen. Der Kommandeur hat wieder keinen Offizier fahren lassen und da noch mehrere vor mir dran kommen, kann es also noch länger dauern.

Am 11.6. kam ein Päckchen Hersfelder Zeitungen von Euch, die Nummer habe ich aus Versehen abgerissen. Sonst ist schon alles beantwortet worden.

Sonst gab's nicht viel Neues. Gut geht's mir nach wie vor; nur viel Dienst. Genaueres aus meinen Tagebuchblättern.

Mit tausend herzlichen Grüßen, Euer

Rolf

7./Schützen-Regiment 1   O.U., den 31. Mai 1942.

Dienst für den 1. Juni 1942.

6^{30}	Wecken		U.v.D.
	anschl.Fahrer: Pferde füttern und tränken		U.v.D.
8^{00}	Antreten (gesamte Kompanie)	Alarmplatz	Hptfw.
anschl.bis 9^{30}	Instandsetzen der Bekleidung	Quartiere	Gr.-Führ.
9^{30} – 11^{00}	Waffenreinigen	Quartiere	Gr.-Führ.
anschl.	Waffenappell	Alarmplatz	Hptfw.
6^{15} –10^{00}	Fahrer: Pferde nachtränken und Pferdepflege		
10^{00}–11^{00}	" : Teilnahme am Kompanie-dienst, anschl. Waffen-appell		
11^{30}	" : Pferde füttern u.tränken		U.v.D.
13^{30}	" : Pferde nachtränken		U.v.D.
12^{00}	Mittagessen		U.v.D.
14^{00}	Antreten (gesamte Kompanie)	Alarmplatz	Hptfw.
14^{00} –15^{30}	Geländeausbildung: Gruppe im Angriff	Dorfostteil	Kp.-Führ.
15^{45} –16^{30}	Kompanie-Unterricht	Kp.-Gef.-St.	Kp.-Führ.
18^{00}	Fahrer: Pferde füttern u.tränken		U.v.D.
20^{00}	" : Pferde nachtränken		U.v.D.

Hauptmann und Kompanieführer.

Rückseite des Briefes vom 13.6.42

155

14.6.42 (14:30 Uhr)

Meine lieben Eltern!

Heute am Sonntag mal wieder einen Gruß an Euch. Gestern ging Einschreibebrief mit Tagebuchblättern mit einem u.k.-Gestellten[34] an Euch ab. Heute kam mit einiger Post unter anderem Eure Hersfelder Zeitung Nr. 166. Ursel Helmer schrieb mir aus Paris, sehr nett, schon zum zweiten Mal. Gestern bekam ich Post von Herrn Oberfeldarzt Dr. Klein (Feldpost-Nummer 04930).

Wir machen zur Zeit friedensmäßige Ausbildung. Pistolenschießen, Reiten, usw., nur sind wir ständig auf dem Sprung. Hoffentlich sind wieder Paketadressen unterwegs, sie ersetzen mir die so seltenen Briefumschläge. Als Papier findet sich ja doch immer noch irgendetwas, und wenn's alte Schulhefte sind. Und dann hätte ich noch eine Bitte, schickt mir doch mal eine kleine Wilhelm Busch-Ausgabe, so zur Gemütserheiterung.

Herzliche Grüße an Mutti und Vati, Euer

Rolf

---

[34] Die Unabkömmlichstellung (UK-Stellung) war eine befristete oder widerrufliche Entlassung oder Nichteinziehung von Fachkräften, die zur Durchführung einer Reichsverteidigungsaufgabe der Kriegswirtschaft, des Verkehrs oder der Verwaltung unentbehrlich und unersetzbar waren. Damit holte man also auch Soldaten mit einer seltenen Ausbildung/Qualifizierung von der Front zurück, wenn diese in der Heimat gebraucht wurden.

Liebe Eltern!

Gestern Abend kamen Vatis Zeilen Nr. 167. Tausend Dank dafür! Brief durch Herrn Keetz ist noch nicht da (der wird wohl auch noch eine Weile brauchen). Die Feldpost geht ja jetzt recht flott, wie Ihr seht. Sonst gibt's bei mir noch nichts Neues.

    Herzlichst, Euer

Rolf

                      Ostfront, 20.6.42 (19 Uhr)

Meine lieben Eltern!

Heute traf nach fünf Tagen mal wieder Post von Euch ein. Nr. 171 und 172. Herzlichen Dank. Am 15.6. kam Nr. 167 an, am 16.6. dankte ich durch Karte dafür.

    Damit höre ich zum ersten Mal, dass Hersfelder Kreß bei Euch war. Inzwischen ist er schon wieder nach hier unterwegs und wird in einigen Tagen erwartet. Ich freue mich schon sehr darauf, da Kreß mir hoffentlich viel von Euch berichten kann.

    Der lange Brief und die zwei Päckchen, die Herr Keetz mitnahm sind natürlich noch nicht da, und werden so schnell auch nicht eintreffen. Ich verstehe auch nicht, dass Herr Keetz die beiden Päckchen und den Brief überhaupt angenommen hat. Er müsste doch wissen, dass es so <u>viel</u> länger dauert, als mit der regulären Feldpost. Nur wenn Ihr mal jemandem etwas mitgeben könnt, der zur <u>selben</u> Division gehört, geht es vielleicht schneller. Hoffentlich hat auch Stabsfeldwebel Kreß Post für mich mit. Schön, dass der Sommerrock mitkommt, hier ist leider noch immer kein Wetter dazu.

Recht kühl und viel Regen, Gewitter, gestern sogar Hagel. Dann mal wieder etwas Sonne, aber im Ganzen sehr unbeständig, das reinste Herbstwetter.

Die Post, die Ihr damals Herrn Druschke mitgabt, brauchte ja auch endlos lange, das Päckchen - wenn ich mich recht erinnere - kam überhaupt nicht an (Ihr schriebt doch mal - wenn ich mich recht erinnere - dass Ihr eines mitgegeben habt). Das liegt an dem langen Dienstweg, den die Post dann hier noch zu durchlaufen hat. Die Feldpost hat sicher allmählich, wenn auch recht langsam, eingearbeitet, zumal wir nun schon so lange in derselben Kante liegen.

Seit der ersten Sicherung waren wir noch nicht wieder eingesetzt; warten auf besseres Wetter. All Eure Sorgen waren daher völlig unbegründet.

Ich freue mich auf die Rückkehr von K., um mal ausführlich von Euch zu hören. Auch nur zu wissen, was er Euch erzählt hat.

Eben rief ich mal beim Regiment an, Post liegt dort leider nicht mehr für mich vor, so werde ich morgen am Sonntag wohl nichts mehr erhalten. Heute Abend, besuche ich einen Kameraden, der mich eben einlud, er habe noch eine Flasche Sekt.

Gestern war Offiziersabend des Regiments - direkt friedensmäßig - Bier gab's!

So nun tausend Grüße, Euer

Rolf

N.S.: Ein kleines Päckchen ging heute ab, Entbehrliches!

Ostfront, 23.6.42

Meine lieben Eltern!

Ich bin ein bisschen erkältet, mache daher den heutigen Dienst nicht mit und habe daher Zeit für einen Gruß an Euch! Per Luftpost soll er gehen, damit es schneller geht - d.h., das ist wohl Glaubenssache - und außerdem haben sich schon wieder drei angesammelt.

Für Post habe ich heute leider nicht zu danken. Gestern ging eine Karte an Mutti ab, Tante Mi schickte mir die Ansichtskarten. Außerdem schickte ich gestern 100,- RM per Postanweisung ab; bitte auf mein Konto einzahlen. Vorgestern ging ein Brief ab, außerdem ein kleines Päckchen mit entbehrlichem.

Meine Winterpelzjacke, von einer kleinen Russin gehandelt schon im Oktober bei Pleskau, während der Verlegung zur Mitte, gab ich einem in Urlaub fahrenden Unteroffizier mit, der sie nach Hause schicken sollte.

Stabsfeldwebel Kreß - der wohl morgen oder übermorgen zurückkehren wird - hatte ein Päckchen und meinen eigenen Wintermantel mit.

Einem Unteroffizier gab ich Tagebuchblätter am 13.6. mit, die er per Einschreiben an Euch weiter senden wollte.

Sonst gab's von mir wenig Neues zu berichten. Durch das schlechte Wetter sind wir zur Zeit ziemlich zur Untätigkeit gezwungen und liegen daher noch immer am alten Ort. Viel Ausbildung, usw.! Mit Leutnant Grützmann spiele ich viel Schach. Er kam erst vor einigen Wochen raus und führt unseren zweiten Zug. Pfarrer ist er in der Weimarer Gegend. Wir unterhalten uns oft sehr nett. Radio haben wir nun seit einigen Tagen auch. Quartierverhältnisse sind gut, was Ihr allerdings, solltet Ihr mal hier reinschauen können, kaum finden werdet. Man hat sich doch sehr umstellen gelernt.

Da heute sowieso keine Post fortgeht, bleibt der Brief doch offen, vielleicht ist Kreß morgen da, da gibt es sicher mehr was zu schreiben.

Herzlichst, Euer

Rolf

N.S.: 20:15 Uhr! Eben trifft Stabsfeldwebel Kreß mit Eurem Paket und dem lieben Brief ein, tausend Dank! Schade, dass Ihr mit Kreß nicht zusammenwart, besonders schade, dass er nicht, wie versprochen, in Hersfeld die Reise unterbrochen hat und Euch berichtete. Aber man kann's verstehen, so kurz von zu Hause noch mal Zeit absäumen. Eben essen wir von den guten Plätzchen! Tausend Grüße, Rolf

23.6.42 (14:30 Uhr)

Meine lieben Eltern!

Wie ich Euch schon gestern im Luftfeldpostbrief, der heute früh fortging, kurz schrieb, ist Stabsfeldwebel Kreß zurückgekommen.

Zunächst mal tausend Dank für Euer liebes Paket und den Brief. Den Sommerrock gebe ich demnächst wieder einem Urlauber mit, da ich hier inzwischen von einem Kompanieschneider einen Sommerrock habe schneidern lassen. Aus altem kalininer Beutestück, der genügt hier vollkommen, zu Hause könnte ich ihn der Farbe wegen sowieso nicht tragen. Aber das konntet Ihr ja nicht ahnen, genauso wenig wie ich es damals wusste, als ich um den Rock bat. Ist auch nicht schlimm! Für Gebäck, Pflaumen und Zucker danke ich Mutter vielmals, besonders das Gebäck war hocherfreulich!

Nur schade, dass Ihr Euren langen Brief durch Keelz mitgegeben habt, wer weiß, wann ich den bekomme. So weiß ich nur durch Kreß, dass Ihr mein Päckchen - ganz beachtlich diesmal - erhalten habt.

Und die 300,- RM sind wohl auch angekommen. Vorgestern schickte ich wieder 100,- RM ab. Pelzmantel und Jacke sind auch eingetroffen, ja, sehr erfreulich.

Ich musste mal bedauern, dass Ihr nicht nach Fulda gefahren seid, wo Mutti doch sowieso zum Doktor muss! Kreß ist in Fulda gewesen, Ihr hättet Euch also dort mit ihm treffen können, aber hättet, hättet, hättet… Da ist halt nichts mehr zu machen!

Das Postverzeichnis habe ich mit meiner Übersicht verglichen. Es liegt mit bei, erfreulich viel konnte ich streichen.

Heute Abend soll Post kommen, ich lasse daher den Brief noch offen, er geht doch erst in einigen Tagen fort.

23.6.42 (22:45 Uhr)

Es kam tatsächlich heute Nachmittag noch Post an. Sogar der Brief Nr. 168, den Ihr Herrn Keetz mitgegeben hattet; den hatte ich noch gar nicht erwartet, aber schön, dass er schon da ist. Hoffentlich folgen die Päckchen auch bald!

Euer langer Brief Nr. 168 war ausgerechnet von der Feldpostprüfstelle[35] geprüft worden. Da stand nun von den Päckchen an Euch drin. Wenn auch alles aufgespart war, so liegt ein anderer Verdacht doch nahe.

---

[35] Briefe deutscher Wehrmachtsangehöriger wurden in den Feldpoststellen nach dem Zufallsprinzip geöffnet, um den Inhalt zu kontrollieren. Aufgrund Personalmangels war dies natürlich nicht lückenlos möglich, reichte aber meistens doch aus, um die Soldaten vorsichtig sein zu lassen. So schrieben sie entweder in einem vorher abgesprochenen Code mit ihrer Familie, oder verzichteten gleich ganz auf die wirklich wichtigen Informationen wie die Nennung des aktuellen Standortes, etc.! Nach der Kontrolle wurde der Brief mit einer markanten Banderole wieder verschlossen.

Recht unangenehm. Und Mutti schrieb auch von Fräulein N. Ich will bald schlafen gehen, da es inzwischen 23 Uhr geworden ist. Morgen früh gehe ich mit meinem Zug zum Schießen, da muss ich früh raus.

Da hab ich ja aus Versehen den Schießbefehl zum Schreiben erwischt, na, geht auch so.

Tausend herzliche Grüße! Euer

Rolf

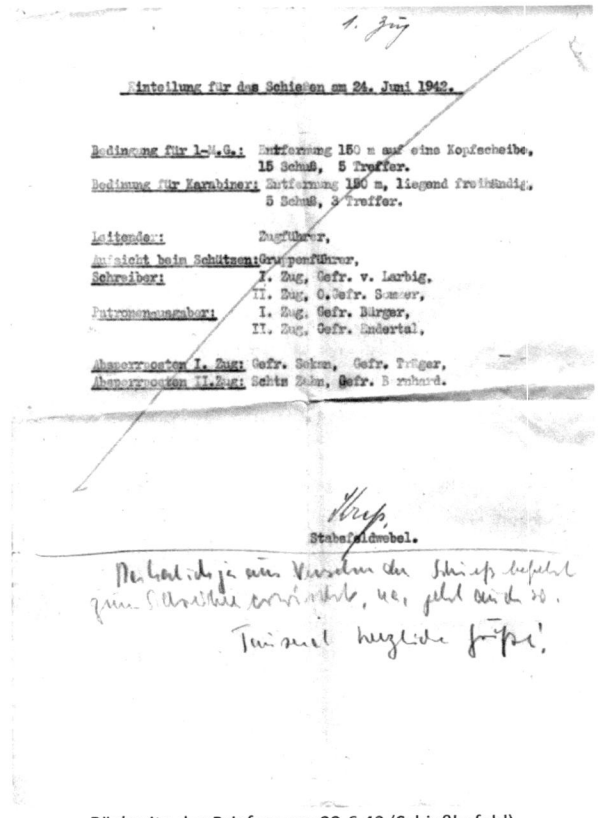

Rückseite des Briefes vom 23.6.42 (Schießbefehl)

Meine lieben Eltern!

Diese Zeilen werde ich einem Mann meines Zuges mit-geben, der u.k. gestellt wird. Vielleicht gibt er sie selbst bei Euch ab. Der Schlaueste ist er nicht, aber sonst ganz ordentlich.

Herzlichst, Euer

Rolf

25.6.42 (22:10 Uhr)

Meine lieben Eltern!

Morgen früh fährt ein Oberfeldwebel von uns in Urlaub, ich will mal schnell einen Gruß an Euch senden! Neues gibt es noch nicht zu berichten, noch immer am alten Ort in Ruhe. Wetter noch immer unbeständig, aber et-was besser.

Heute gab ich einem Mann der u.k. gestellt wurde einen Gruß an Euch mit, vielleicht kommt er persönlich zu Euch, unter Umständen gibt er ihn auch in Kassel bei Hilde ab. Ebenfalls meinen Sommerrock, den Ihr durch Kreß mitschicktet, er ist mir doch zu schade, zumal ich inzwischen einen neuen mir hier habe machen lassen.

Für heute tausend Grüße,

Rolf

N.S.: Gute Erholung in Kassel!

26.6.42 (13 Uhr)

Tausend Grüße, liebe Eltern!

Ein Urlauber nimmt diese Karte für Euch mit, damit es schneller geht. Sonst nichts Neues. Brief „E.P." ging gestern ab.
    Herzlichst, Euer

Rolf

29.6.42 (12 Uhr)

Meine lieben Eltern!

Heut geht Post fort, schnell einen lieben Gruß an Euch. Wenn Zeit bald mehr.
    Herzlichst, Euer

Rolf

30.6.42

Meine lieben Eltern!

Nur schnell einen herzlichen Gruß kann ich Euch heute senden. Heute Abend nimmt der Spieß Post mit zurück. Die Mückenplage ist schrecklich hier, aber solange man sich noch über Mücken ärgern kann geht's einem noch gut.
    Post bekam ich schon längere Zeit nicht mehr von Euch, das letzte kam am 23.6. (Nr. 168). Ich schrieb am 24.6. einen Brief, den ich mit meinem Sommerrock mit einem u.k.-Gestellten mitgab, dann schrieb ich am 26.6. eine Karte und heute diese Zeilen, per Luftpost, damit sie Euch schneller erreichen können. Ich schreibe Euch

nach Hersfeld, weil ich die Kassler Anschrift nicht genau weiß, sicher bekommt Ihr ja die Post nachgeschickt. Recht gutes Wetter und Erholung wünsche ich Euch auf der Wilhelmshöhe!

Herzliche Grüße, Euer

Rolf

1.7.42 (21 Uhr)

Meine lieben Eltern!

Nur einen lieben kurzen Gruß! Post kam gestern Abend von Euch. Herzlichen Dank! Es waren Nummer 177, 181, 176, vielmals vielen Dank.

Wir haben nach langer Regenzeit wieder besseres Wetter, sonst gibt's eigentlich nicht zu berichten. Es wird auch schon dunkel und die Mücken plagen einen immer mehr.

Herzliche Grüße, Euer

Rolf

3.7.

Einen herzlichen Gruß heute, meine lieben Eltern! Sonst gibt's nicht viel Neues, was man berichten könnte.

Herzlichst, Euer

Rolf

Herzlichen Gruß, liebe Eltern!

Gestern und heute habe ich schwere Stunden gut überstanden.

In Liebe, Euer

Rolf

N.S.: Seit vorgestern führe ich die Kompanie. Mein Chef Hauptmann von Bernhardi ist gefallen, Leutnant Grützmann verwundet, die Verluste der Kompanie waren sehr schwer.

9.7.42

Einen recht herzlichen Gruß sende ich Euch heute, liebe Eltern! Mir geht es nach wie vor gut, nur wenig Zeit habe ich zum Schreiben. Bald mal mehr.

Mit herzlichen Grüßen, auch an August und Gerda, Euer

Rolf

11.7.42

Meine lieben Eltern!

Ein kurzer Gruß soll Euch melden, dass mir's noch gut geht!

Herzliche Grüße

Rolf

Herzlichen Gruß, liebe Eltern!

Zu mehr langt die Zeit mal wieder nicht. Aber mir geht's noch gut!
Herzlichst, Euer

Rolf

Ostfront, 12.7.42

Meine lieben Eltern!

In den letzten Tagen schrieb ich nur wenig und selten an Euch, Ihr ahnt warum. Der Wehrmachtsbericht hat Euch ja auch von der großen Kesselschlacht südwestlich Rschew[36] berichtet. Wir haben sehr schwere Kämpfe hinter uns, aber große Erfolge errungen. Noch immer versucht der Russe auszubrechen oder von außen den Ring zu sprengen, aber große Beute und Gefangene sind schon in unserer Hand.

Am 2.7. fiel Hauptmann von Bernhardi, mein Chef, seitdem führe ich die Kompanie und ich kann schon sagen, dass ich mehrere schöne Erfolge damit erreicht habe. Ich will Euch später davon berichten. Einen Kartengruß sandte ich Euch vor Tagen (am 8.7.?), gestern einen Briefgruß. Momentan haben wir eine recht ruhige Sicherungsaufgabe, doch wie lange, weiß man

---

[36] Diese Kämpfe waren die ersten Vorboten für die noch kommenden Schlachten bei Rschew, das später als „Der Fleischwolf" bekannt werden würde. Die russische Seite startete bis ins Jahr 1943 hinein insgesamt drei Großoffensiven, um die Deutschen zurückzuschlagen, dabei starben vermutlich etwa 500.000 russische Soldaten und ca. 1.000.000 wurden verwundet. Auf deutscher Seite rechnet man mit ca. 80.000 Gefallenen und 200.000 Verwundeten.

nicht. Die eigentliche Schließung des Kessels ist ja schon gelungen, das war das schwerste.

Also, meine lieben Eltern, Tausend Grüße! Euer

Rolf

Ostfront, Nacht vom 13./14.7.42

Meine lieben Eltern!

Heute ist ein stolzer Tag für mich! Der Bataillonskommandeur hat mir für die Erfolge, die ich mit meiner siebten Kompanie in den letzten Tagen erreichte und für persönliche Tapferkeit, das EK I. verliehen. In mehreren Waldgefechten zeichnete sich die Kompanie aus und durch einen besonders schneidig geführten Angriff gelang es weit in die feindlichen Stellungen eingebrochen einen Divisionsstab - zwar ohne Offiziere - zu erbeuten und so eine Division außer Gefecht zu setzen. Erhebliche Beute an Fahrzeugen (etwa hundert Lkw) - sowas hatten wir lange nicht gesehen - und Material als Waffen, Gerät und Verpflegung fiel dabei in unserer Hand.

Weiter führte die Kompanie einen erfolgreichen Gegenstoß mit Panzern und etwa zwei Bataillone, die eine unserer Kompanien zurückgedrängt hatten, wurden geschlagen. Dabei viele Gefangene, leider auch eigene Verluste. Sonst geht es mir gut. Endlich traf gestern Nacht mal wieder Post ein!

Es ist recht lebhaft draußen in meinem Abschnitt geworden, muss mich mal ein bisschen darum kümmern.

Morgen vielleicht mehr, herzlichst

Rolf

———

Meine lieben Eltern!

Mein Melder nimmt eben einen Luftfeldpostbrief an Euch mit zum Bataillon, hoffentlich trifft der bald bei Euch ein. Er berichtet Euch, dass ich das EK I. verliehen bekommen habe und weiter meldet er kurz, dass Post von Euch bei mir eingetroffen ist. Es kam nämlich in der Nacht vom 12./13.7. endlich mal wieder Post bei uns an, mein Melder brachte sie zu Pferde in meinen Bunker. Noch mal wiederholt waren es:

Nr. 187

…mit Karte von Ingeborg Mantel. Köhne ist in meiner Kompanie Truppenführer, ein recht guter sogar.

Nr. 189

…mit dem kleinen Buschbüchlein, in dem ich heute Nacht las.

Nr. 190

Herzlichen Dank!

Nr. 184

Auf Habedanks Feldpostnummer warte ich sehr. An Frau Druschke bitte ich mich zu empfehlen, eigentlich müsste ich ja auch mal schreiben. Aber die Zeit! Für das Foto von Vati herzlichen Dank!

Nr. 188

Zeitung, besten Dank!

Nr. 169

Schön, dass Ihr meine Sendungen alle erhalten habt.

Päckchen Nr. 170

…mit Mückenschleier.

Päckchen Nr. 178

…mit Tinte. Man hat Ärger über Ärger, jetzt will mir das Bataillon wieder einen meiner besten Leute als Burschen wegnehmen, das kann mich so aufregen und wütend machen, dass ich mich nicht zu dem Brief sammeln kann, die Nerven haben doch schon recht gelitten.

Päckchen Nr. 183

…mit Nelkenöl und Nähzeug, herzlichen Dank!

Nr. 185

Zeitungen.

Päckchen Nr. 170

Tausend Dank für Mutters liebe Zeilen und für die Plätzchen!

14.7.42 (23:30 Uhr)

Mit herzlichem Gruß schließe ich diese Zeilen! Ein Urlauber nimmt sie mit.

Herzlichst,

Rolf

Ostfront, 17.7.42 (12 Uhr)

Meine lieben Eltern!

Mit herzlichen Grüßen sende ich Euch heute eine Marke, mit der Ihr mir ein Kilo-Päckchen senden könnt. Pro Monat sollen wir eine davon gekommen.

Sonst habe ich nicht viel zu berichten. Meine Kompanie macht mir viel, viel Arbeit, auch manchen Ärger gibt's. Das bringt der Betrieb mit sich.

Gestern habe ich mordsmäßig viel Glück gehabt. Bin im Galopp vom Pferd gestürzt ohne mir irgendwie zu schaden. So im hohen Bogen vorne drüber weg.

Diese Zeilen sollen schnell fort, ein Unteroffizier wartet schon drauf.

Meinen herzlichen Gruß, Euer

Rolf

——

17.7.42 (17 Uhr)

Tausend Grüße, liebe Eltern, und Vati viel Genuss beim Rauchen! Eine Anzahl Briefumschläge für Vati, die mir bei Regen oder Schweiß so zusammengeklebt sind, dass ich sie nicht mehr verwenden kann. Vati kann es sicher! Für Mutti kann ich leider nichts auffinden, nur einen lieben Gruß. Luftfeldpostbrief ging heute ab. Herzlichst

Rolf

17.7.42 (18 Uhr)

Liebe Eltern!

1.) Einliegend die Verleihungsurkunde meines EK I. zur sicheren Aufbewahrung. Hier brauche ich sie nicht rumzuschleppen; ist im Feldbuch eingetragen. Mit der Urkunde kauft mir bitte ein zweites EK I. zum Einschrauben und sendet es mir zu.
2.) Ich füge diesem Brief 100,- RM bei, geht so hoffentlich schneller und genau so zuverlässig. 50,- RM spendete ich hier fürs Rote Kreuz.
3.) **19.7.42 (17 Uhr)** Sonst nichts Neues.
    Herzlichst,

Rolf

23.7.42 (11:30 Uhr)

Meine lieben Eltern!

Wir sind etliche Kilometer gerollt. Auf unbeschreiblichen „Straßen", teilweise in einem Staub, wie er in Afrika nicht schlimmer sein kann. Gestern besuchte ich auf der Durchfahrt in … (wo ich im Herbst Druschke

———

und Gutzeit besuchte[37]) mehrere alte Kameraden. Gutzeit war leider nicht mehr da, dafür mein ehemaliger Kamerad der Schule in Hannover Ruppert, bei dem ich mich kurz meldete. Meine Kompanie war derweil schon weitergefahren bis in die Gegend von …, wo ich bei meiner Fahrt im Herbst zu Ebers Grab schon vorbeikam. Von hier aus werden wir wohl wieder gen Osten ziehen, doch weiß man noch nichts Näheres. In … erfuhr ich allerhand interessantes, wovon ich natürlich nicht schreiben kann.

Post kam naturgemäß längere Zeit nicht an, die zuletzt eingegangene ist beantwortet.

Vati schreibt darin so nett von Eurem Aufenthalt auf der Wilhelmshöhe. Es hat mich so sehr gefreut, dass Ihr Euch endlich mal eine kleine Erholung gegönnt habt. Schade, dass ich nicht bei Euch sein kann, die Urlaubszuteilung bei unserer Division ist tatsächlich zum Kotzen. Oberleutnant Hinrichsen, der in … seit Mitte September sitzt, ist schon vor vier Wochen in Urlaub gewesen, dabei hat der Bruder tatsächlich nichts ausgestanden den Winter über. Das ist halt Kommiss!

Herzlichsten Gruß,

Rolf

Ostfront, 25.7.42 (14 Uhr)

Meine lieben Eltern!

Zu einem rechten Briefe kann ich mich nicht sammeln. Tausenderlei geht mir im Kopf rum. Bis morgen früh muss ich unter anderem noch einen Bericht über die

---

[37] Brief aus Smolensk vom 13.11.41, als Rolf auf dem Weg zum Grab seines Bruders war.

Kämpfe unseres Bataillons am 2. und 3.7. einreichen. Hab noch gar nicht damit angefangen. Die Erfahrung in derartigen Dingen fehlt mir auch noch sehr.

Wir hatten nach unseren Kämpfen am Kessel bei Rschew einen langen Marsch. Mal wieder motorisiert, wenn auch dürftig, nach langer Zeit. Dabei besuchte ich im Vorbeifahren in … alte Kameraden, wie ich Euch schon schrieb. Gutzeit war leider nicht mehr da.

In unserem neuen Unterkunftsraum haben wir uns ganz nett eingerichtet. Man scheint uns mal ein paar Tage Ruhe gönnen zu wollen. Dann bekommt Ihr sicherlich auch noch etwas vernünftigere Post von mir.

Eben schrieb ich kurz an Frau Rechart; mein alter Schulfreund Hermann ist ja auch gefallen. Wo Hans-Werner nur stecken mag, zuletzt hörte ich vor einem Jahr von ihm. In Norwegen war er damals.

Zu unserer großen Überraschung hat uns die Feldpost hier schon gefunden. Gestern Abend kam von Euch Nr. 200, 199, 202 und eine Karte vom 9.7. Von Vati, Mutti und Hilde. Es freut mich, dass Eure Erholungstage in Kassel schön sind, bzw. jetzt waren.

Da ist auch Brief Nr. 195, für den ich mich wohl noch nicht bedankt hatte. Er kam am 18.7. an (mit Karte von Ruth Feller, dem dummen Huhn!). Was habt Ihr denn über Ott alles Neues gehört? Wo sie wohl stecken mag? Gern erinnere ich mich an die Zeiten, in denen man noch voller Illusionen lebte. Sonst wäre wohl alle Post bedankt und beantwortet.

Der Rechnungsführer geht grad eben zum Feldpostamt, da kann er den Brief gleich mitnehmen.

Herzlichst, Euer

Rolf

26.7.42

Meine liebe Mutti!

Recht herzlichen Dank für Deine und Vatis liebe Zeilen von der Wilhelmshöhe (Nr. 198 vom 6.7.), die heute eintrafen. Gestern ging längerer Brief an Euch, daher heute nur kurz einen Gruß.

Herzlichst,

Rolf

27.7.42 (11 Uhr)

Meine liebe Mutti!

Sonst kann ich immer nur an Vati schicken, weil ich für Dich nichts rechtes auftreiben kann. Aber heute sollst Du in meiner Zuteilung mitbekommen. Guten Appetit.

Alles Gute,

Rolf

31.7.42

Meine lieben Eltern!

Ich bin zur Zeit auf einem dreitägigen Besuch in S., wo ich Oberleutnant Hinrichsen und andere alte Kameraden besuchte. Nebenbei beschaffte ich einiges für meine Kompanie. Mir geht's noch ausgezeichnet, wir haben zur Zeit Ruhe.

1.8.42

Bitte schickt sofort 42 Punkte meiner Kleiderkarte an Oberleutnant Hinrichsen (F.P.-Nummer: 42600). Sollte ich noch keine Karte für dieses Jahr haben, sofort beantragen. Steht mir als Selbsteinkleider zu!

Oberleutnant Hinrichsen beschafft mir dafür zwei Diensthemden bei der hiesigen Heereskleiderkasse. Heute Nachmittag starte ich wieder zur Truppe.

Herzliche Grüße, Euer

Rolf

5.8.42

Lieber Vati!

Eine kleine Kostprobe von meiner Smolensker „Beute"! Recht viel Ruhe zum Rauchen, bei mir ist sie leider schon wieder dahin. Post kam an von Euch, sowie Zeit ist werde ich sie beantworten.

Herzlichst

Rolf

5.8.42

Meine lieben Eltern!

Ich weiß nicht recht was ich schreiben soll und kann, es ist mal wieder so weit…

An Vati schickte ich eben noch ein Päckchen mit Zigarren, prima holländische Friedensware, Wilhelm II.! Hoffentlich kann ich auch mal eine davon mitrauchen, einmal muss es doch endlich Urlaub geben.

Von Euch fand ich eine ganze Reihe Briefe vor, als ich am 1.8. von S. zurückkam. Glaub mir, ich bin noch nicht zur Beantwortung gekommen. Auch Karl-August, Tante Mi und viele andere hatten geschrieben.

Zu nichts bin ich bisher gekommen. Druschke gratulierte mir zum Oberleutnant, sehr freundlich. Habedank schrieb ebenfalls mal wieder, ebenfalls Ursel Helmer aus P. Aber wozu das alles? Ich will mich noch ein bisschen schlafen legen.

Tausend Grüße, Euer

Rolf

Smolensk, 9.8.42

Meine lieben Eltern!

Ein Mordsglück habe ich gehabt! Stellt Euch vor, am 7.8. früh gegen 9:40 Uhr wurde ich verwundet. Ein SMG-Geschoss[38] mitten durch den Hals durch. Aber macht Euch keine Sorgen, ich sagte ja schon, Glück habe ich gehabt. Vorn links neben der Halsschlagader ging das Ding rein und hinten rechts neben der Wirbelsäule raus. Die Ärzte haben überall gestaunt, nichts scheint dabei verletzt zu sein. Bis zum Verbandsplatz unseres Bataillons ging ich noch zu Fuß. Mein Bursche begleitete mich dabei. Dort bekam ich eine Spritze und wurde verbunden, dann brachte mich ein Kübelwagen nach hinten, wo ich am Hauptverbandsplatz eingeliefert wurde. Das war um 14 Uhr. Gegen 18 Uhr wurde ich geweckt, schnell angezogen und per „*Ju*" nach Smolensk geschafft, wo ich noch am Tag meiner Verwundung im Kriegslazarett eingeliefert wurde.

Meine hiesige Nummer Euch mitzuteilen hat wenig Sinn, da ich wohl in Kürze mit einem Verwundetenzug wieder zurückgeschafft werde. Zu-

---

[38] Schweres Maschinen-Gewehr

nächst bis Warschau. Ich schreibe im Bett, hoffentlich könnt Ihr es entziffern!

Herzliche Grüße, Euer

Rolf

Meine lieben Eltern!

Mein gestriger Luftpostbrief wird Euch inzwischen gemeldet haben, dass es mir gut geht und das ich mit einem glatten Halsdurchschuss im Lazarett liege. Das Schicksal hat es gut gemeint, wie ein Wunder ist es, dass nichts verletzt worden ist. Für alle Fälle hat man mich heute noch mal geröntgt.

Ich sitze schon wieder munter im Bett und qualme eine gute holländische Zigarre, die mein Bursche nicht vergaß mir mit einzupacken. Dabei stöbere ich in einem Riesenstapel Post. Alles kam in der sogenannten „Ruhezeit" bei R. an. Doch kam ich damals nicht zum beantworten, da das hohe Bataillon einen von früh bis spät in Trab hielt. Auch von Euch sind noch Briefe zu beantworten. Die sonst so peinlich geführte Postübersicht ist auch durcheinandergeraten.

- Es schreibt sich doch nicht gut im Liegen! -
Da ist Nr. 28, dankte wohl schon dafür, traf am 27.7. ein. Am 1.8. fand ich bei meiner Rückkehr aus Smolensk - davon berichtete ich wohl schon - Eure Zeile Nr. 208 vor. Herzlichen Dank!

Köhne befand sich noch wohlauf bei der Kompanie, als ich am 7.8.42 um 9:40 Uhr verwundet wurde. Sicher kommt er in diesen Tagen kaum zum Schreiben, da die Kompanie in schweren Kämpfen bei Rschew liegt, von denen der Wehrmachtsbericht ja zur Zeit täglich meldet. Für Nr. 205 dankte ich wohl schon kurz. Weiter traf am 1.8. Nr. 206 mit Muttis liebem Gruß ein; tausend Dank!

Eine Paketmarke und eine Luftpostmarke lege ich mit bei, jedoch werdet Ihr beides vorerst nicht anwenden können. Nach hier zu schreiben ist wohl zwecklos, da ich mit Verlegung rechne. Wahrscheinlich nach Warschau, vielleicht auch in ein Reservelazarett in die Heimat, aber so schlimm scheint mir mein billiger Durchschuss nicht. Sollte ich von dort wieder zur Truppe kommen, werde ich aber sicher bald meinen Urlaub erhalten.

So für heute war das alles. Tausend Grüße, Euer

Rolf

11.8.42

Liebe Eltern!

Ich bleibe wohl noch länger hier (Vierzehn Tage etwa). Schreibt mal an 09298! Sonst geht's mir gut.

Herzlichst,

Rolf

N.S.: Später wieder 43882!

11.8.42

Meine lieben Eltern!

Mir geht's allmählich immer besser, auch das Röntgenergebnis scheint gut ausgefallen zu sein, so dass ich wohl bald wieder hergestellt sein werde. Dann werde ich aber bei der Truppe mit allen Methoden versuchen erst mal Urlaub zu bekommen.

Vater bitte ich mit beiliegender Zahlkarte 10,- RM für den „Klosterboten" einzuzahlen, aber bald, hab das Ding schon lange.

Desgleichen bitte ich beiliegende Postkarte zu beachten. Ein Foto - Kathedrale vor Smolensk - liegt ebenfalls bei, sowie ein Bericht, den ich neulich abgeben musste, aus bestimmten Gründen! Ihr könnt ihn mal lesen, aber für Euch behalten. Jedenfalls dürft Ihr ihn niemandem zeigen.

Herzliche Grüße, Euer

Rolf

14.8.42

Meine lieben Eltern!

Eben besuchte mich Oberleutnant Hinrichsen. Die 42 Punkte sind eingelaufen, herzlichen Dank. Er will mir die Hemden abholen gehen, da ich wohl erst Anfang nächster Woche ausgehen kann, zumal meine Sachen erst noch gewaschen werden müssen.

Aufstehen kann ich jetzt schon. Ich bin eifrig beim Post beantworten, stoßweise wartet sie noch auf Beantwortung.

Ich habe an meine Truppe heute ein Urlaubsgesuch eingereicht. Hinrichsen nahm es mit, um es auf dem Kurierweg weiterzuleiten. Hoffentlich wird es genehmigt. Ich bat mir den Urlaubsschein hierher zu senden, damit ich nicht erst noch mal zur Truppe brauche. Hoffentlich klappt alles. Wenn ich nämlich erst dort bin, wird man mich schwer fortlassen, da zur Zeit allerhand los ist und die Ausfälle hoch sind. Ihr hört ja selbst im Wehrmachtsbericht davon.

Anbei sende ich zwei Fotos mit, sie sind noch aus dem Winter! Bitte zu Hause aufheben. Ja, ich stecke so voller Hoffnung nun endlich mal auf Urlaub kommen zu können, wenn's doch nur klappt diesmal! An Karl-August und Gerda, Tante Mi schrieb ich gestern auch kurz. Muss mal meine Briefschulden endlich loswerden.

Mein Hals vernarbt wunderbar, ohne Komplikationen. Ich habe eigentlich überhaupt keine Beschwerden mehr. Auch das Röntgenbild ist gut ausgefallen. Überhaupt nichts zu sehen.

Für heute gäb's nichts mehr zu berichten. Herzlichst, Euer

Rolf

Smolensk, 19.8.42

Meine lieben Eltern!

Gestern Nachmittag habe ich schon meinen ersten größeren Spaziergang gemacht. Mit noch einem genesenden Kameraden war ich an der alten berühmten Stadtmauer und der Kathedrahle (Wenigstens richtig geschrieben?!). Wie groß war meine Freude, als mir die Schwester bei Eurer Rückkehr Euren Luftpostbrief vom 15.8. gab! Herzlichen Dank!

Aber was Ihr Euch wieder Sorgen macht! Ist doch alles halb so wild! Es stimmt schon wie ich schrieb!

Aber Ihr sollt noch mal alles genau wissen: am 7.8. morgens gegen 9:40 Uhr wurde ich beim Angriff gegen den vorstoßenden Russen verwundet. Das Geschoss, das von einem russischen SMG - also Infanteriegeschoss - stammt, war glatt durch den Hals gegangen. Auf der linken Seite rein, hinten rechts raus. Mein Bursche ging mit mir zurück, doch konnte ich ganz gut selbst gehen. War mehr deprimiert, als durch die Wunde behindert. Sie blutete fast gar nicht und wurde gleich gut von meinem Sani verbunden. Außerdem war die Sache auch recht schmerzlos und ist so Gott sei Dank während der ganzen Heilung geblieben.

Ein Dorf zurück verband mich der Bataillonsarzt noch mal neu, stellte fest, dass keine Verletzung der Schlagader vorlag und auch die Wirbelsäule nichts abbekommen hatte, da ich nirgends Lähmungserscheinungen zeigte.

Ein Kübelwagen brachte mich zum Hauptverbandsplatz, dort schlief ich ein paar Stunden nachdem ich erst untersucht worden war. Man gratulierte zu dem Glück, dass ich bei dem Schuss hatte. Noch am selben Abend brachte mich eine „*Ju*" nach Smolensk, vielleicht weil mich der Arzt kannte (sonst wär's vielleicht nicht so schnell gegangen).

Im Lazarett in Smolensk wurde ich wieder untersucht und neu verbunden. Operative Eingriffe waren die ganze Zeit lang nicht nötig. Die Wunde ist bereits verheilt, ein kleines Löchlein auf beiden Seiten, und hat nicht geeitert.

Fieber habe ich schon lange nicht mehr - das höchste war am 8.7. mit 37,9 °C! Seit 10.8. habe ich kein Fieber mehr.

Essen konnte ich ständig, hatte auch immer guten Appetit und keine Beschwerden beim Essen.

Ihr könnt Euch vorstellen, dass ich bei der günstigen Heilung nicht weiter zurückverlegt wurde, sondern hier ausgeheilt werde. Natürlich um dann hier gleich wieder zur Truppe geschickt zu werden. Vorn wird ja jeder Mann gebraucht! Ende August - so am 25. rum - rechne ich mit meiner Entlassung. Trotzdem habe ich am 14.8. per Kurierpost ein Urlaubsgesuch an mein Regiment geschickt, dem auch eine Befürwortung des Arztes - drei Wochen Genesungsurlaub - beilag. Ich hoffe, dass es genehmigt wird, zumal ich sowieso bald mit Urlaub drankommen müsste. Es ist aber auch genauso möglich, dass zur Zeit nicht auf mich verzichtet werden kann, und dass daher der Urlaub abgelehnt wird.

Ein Zugführer meiner Kompanie ist gestern mit kritischen Splitterverletzungen hier eingeliefert worden. Er erzählte mir von der Kompanie. Ich brannte ja darauf zu hören, wie es dort aussah. 42 Ausfälle sollen wir bis zum 17.7. dort gehabt haben, meist aber leichtere Verwundungen. Die Kompanie hat sich eingegraben und liegt noch fast dort, wo ich sie verlassen habe. Alle weiteren Angriffe der Russen wurden zurückgeschlagen mit hohen Verlusten für die Russen, wie ein russischer Überläufer erzählte. Von 140 Mann seien nur siebzehn zurückgekommen. Da müssen meine Jungens gut rein gehalten haben. Viel Moskauer Besatzungstruppen sollen eingesetzt sein; anscheinend doch eine verzweifelte Anstrengung.

Ja, nach hier werdet Ihr mir wohl kaum noch diesen Brief beantworten können. Es muss sich nun bald entscheiden, ob der Urlaub genehmigt wird oder nicht. Etwa am 25. rechne ich mit Eintreffen des Bescheides. Dann fahre ich also entweder nach vorn oder in den Urlaub. Da kann man nur hoffen...

Gretel Schäfer schrieb mir auch gestern sehr lieb. Es wäre ja schön, wenn ich im September nach Hersfeld käme, da sie am 1. Oktober nach Brüssel geht. Sie hat Euch sicher selbst berichtet, da ich sie bat Euch die Feldpostnummer zu geben. Als ich nämlich an Euch am 9.7. schrieb, nahm ich nämlich noch an nach Warschau verlegt zu werden. Die kurze Karte gab ich einem Leutnant mit, der ganz kurz einen anderen Verwundeten

———

besuchte und auf Urlaub fuhr - daher so kurz. Sonst gäb's wohl nichts mehr zu berichten!? Zwei alte Luftpostmarken lege ich mit bei. Neue haben wir zur Zeit keine mehr. An Karl-August und Gerda schrieb ich am 13.8., von Hilde hörte ich lange nichts.

Herzlichen Gruß, Euer

Rolf

21.8.42

Meine lieben Eltern!

Es gibt nichts Neues zu berichten! Meine Heilung geht weiter munter voran, Urlaubsentscheidung noch nicht da. Langer Brief ging vorgestern an Euch.

Herzlichst, Euer

Rolf

23.8.42

Meine lieben Eltern!

Immer noch nichts Neues, größtenteils langweilig! Hoffentlich kommt bald der Entscheid des Bataillons über meinen Urlaub. Gesundheitlich ist alles längst in bester Ordnung.

Herzlichst, Euer

Rolf

Meine lieben Eltern!

Soeben geschah das erfreulichste Ereignis dieses Jahres: Mein Spieß sandte ein Fernschreiben: „<u>Urlaub von vier Wochen genehmigt! Urlaubsschein folgt!</u>". Juchuuuuu!

Heute früh ließ ich noch schwer den Kopf hängen, denn ein Mann meiner Kompanie besuchte mich, brachte zwar Post und sonst noch ein paar Dinge mit, wusste aber gar nichts zu meinem Urlaubsgesuch, so dass ich gleich noch mal ein zweites losgejagt habe. Das ist nun überflüssig gewesen, piepegal.

Diese erfreuliche Nachricht bekommt Ihr nicht per Luftpost, habe nur noch zwei Marken und bis zu meiner Entlassung und dem Eintreffen des Urlaubsscheines wird es auch noch ein wenig dauern. Ich eile auch nicht, die Vorfreude und die Fahrt nach Hause ist ja das Schönste! Ich denke so etwa am 5. September rum einzurollen, lässt sich aber noch nicht fest bestimmen!

Jedenfalls wollen wir uns die Tage recht schön machen und vor allem dankbar sein, dass wir sie überhaupt erleben dürfen.

Noch eins wollen wir uns vorher versprechen, den Abschied, der am Ende dieser schönen, schnell vergänglich Zeit steht, wollen wir uns nicht so schwer machen. Dass er kommen muss wissen wir ja heute schon.

Wie steht's mit den Zigarrenreserven für den Urlaub? Zwei Päckchen sandte ich gestern noch ab. Auch schon etwas Geld abheben kann Vati, vielleicht steigt eine kleine Reise in die Berge!

Tausend Grüße, Euer froher

Rolf

Meine lieben Eltern!

Brief Nr. 229 traf ein, desgleichen ein zweiter Nr. 229 (Nachmittag), herzlichen Dank! Ich bin schon seit Tagen entlassungsfähig, muss aber noch auf den Urlaubsschein warten, der immer noch nicht da ist. Morgen rechne ich aber damit, dass er kommt.

Bei dem schönen Wetter ist es hier ja ganz nett, habe meist Spaziergänge gemacht. Dann war ich ab und zu mal zu Konzerten im Sendehaus oder im Offiziersheim. Na, davon kann ich Euch ja zu Hause berichten.

Für heute herzliche Grüße, Euer

Rolf

Hier endet der Briefverkehr von Rolf Hagen plötzlich. Ob er doch noch seiner Verletzung erlag, beim Rücktransport durch einen Angriff umkam oder es in den Urlaub nach Hause schaffte, lässt sich heute leider nicht mehr ermitteln. Offizielle Dokumente über ihn liegen nirgendwo vor und auch Nachkommen konnten nicht ermittelt werden. Sein weiteres Schicksal bleibt also ungeklärt.

Warum ausgerechnet Feldpostbriefe?

Wenn ich mir heute alte Fotos und Filme aus der Zeit des Dritten Reichs ansehe, dann scheint das alles irgendwie unwirklich zu sein. Die Welt ist schwarzweiß, die Menschen wirken steif und altbacken, diese Zeit ist schon lange vorbei. Aber ist sie das wirklich?

Mein eigener Großvater marschierte noch mit in den Reihen der Wehrmacht, aber er starb, bevor ich ihn dazu befragen konnte. Glaubte er an Hitler? Oder war er nur ein Mitläufer, der dazu gezwungen war in der breiten Masse mit zumarschieren? Was dachte er, während er in den Krieg zog, in Gefangenschaft kam, wieder nach Hause durfte? Ich weiß es nicht und ich werde es auch niemals erfahren, denn es gibt meinen Großvater schon lange nicht mehr.

Was es aber noch gibt, sind die Briefe und Schriften vieler anderer Soldaten, die mir diese Welt aus einem Blickwinkel zeigen, wie er sonst kaum noch möglich ist. Diese Briefe nehmen einzelne Schicksale aus der breiten Masse heraus und machen diese Soldaten wieder menschlich. Sie zeigen mir, dass nicht alle nur hirnlose Tötungsmaschinen waren, sondern dass es unter ihnen genauso viele liebens- wie verachtenswerte Menschen gab. Dass sie Nuancen hatten, Charaktereigenschaften und Profil. Und vor allem zeigen mir diese Briefe, dass eine Antwort auf meine Fragen nie einfach zu finden sein wird.

Es gibt in diesen Briefen nichts, was man verherrlichen könnte. Es war kein edler Kampf gegen eine erdrückende Übermacht, wie es damals propagiert wurde, es war der reine Wahn eines Mannes, der es zusammen mit seinen Vasallen schaffte, eine ganze Generation zu täuschen und in den Abgrund zu führen.

Die Antwort auf all meine Fragen ist also vielschichtig und sie ändert sich mit jedem Brief den ich lese. Aber ich denke, es ist gerade jetzt und genau deswegen besonders wichtig sie zu suchen, denn die letzten Zeitzeugen verlassen uns und die Gefahr ist groß, dass nach deren Verschwinden die Wahrheit verdreht wird. Schon jetzt werden immer wieder Stimmen laut, die „die echte Wahrheit" fordern! „Rechts" ist wieder auf dem Vormarsch, viele halten sich für so viel aufgeklärter als die Menschen damals. Der Zahn der Zeit nagt an allem und es wird immer leichter für bestimmte Gruppierungen, unbequeme Wahrheiten auszublenden und sich ihre eigene glorreiche Geschichte zu stricken.

Dagegen sollen diese Bücher wirken. Was darin steht, ist die damalige Lebensrealität so rein wie nur möglich, niemand hat daran etwas verändert und ich lasse es auch ganz bewusst unkommentiert. Denn ich glaube, dass jeder Leser seine eigenen Lehren daraus ziehen wird und ich finde das völlig in Ordnung so.

Meine ganz eigene Wahrheit ist jedoch, dass ich meinen Großvater geliebt habe. Denn was auch immer er im Krieg getan haben mag, für mich war er einfach nur „Opa". Ich vergötterte ihn, er war der beste Opa der Welt. Und man kann all diese Menschen nicht nur auf einen Zeitraum von zwölf dunklen Jahren beschränken. Sie alle liebten, lachten und vermissten genau so wie wir; davor, währenddessen und auch noch lange danach. Sie waren damals nicht anders als wir es heute sind, sie waren nicht schwarzweiß, sondern bunt und voller Leben.

Viele dieser Soldaten kehrten nach dem Krieg wieder heim und wurden später unsere Väter und Großväter. Manche erzählten von ihren Erlebnissen, andere schwiegen ein Leben lang. Und auch, wenn ich die Wahrheit über sie niemals ganz werde aufdecken können, so hoffe ich doch, dass ich wenigstens meinen Teil dazu beitragen kann sie wieder greifbar für uns zu machen. So, wie sie einmal waren und so, wie auch wir unter den damaligen Umständen hätten werden können.

Stefan Heikens